MODERNIDADE E MODERNISMO

TRANSFORMAÇÕES CULTURAIS E ARTÍSTICAS NO BRASIL DO INÍCIO DO SÉCULO XX

QUE HISTÓRIA É ESTA?

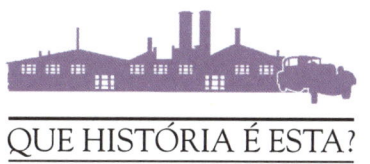

ARLEY ANDRIOLO

Bacharel em História pela FFLCH – USP
Mestre em Estruturas Ambientais Urbanas pela FAU – USP
Doutor em Psicologia Social pelo Instituto de Psicologia – USP

MODERNIDADE E MODERNISMO

TRANSFORMAÇÕES CULTURAIS E ARTÍSTICAS NO BRASIL DO INÍCIO DO SÉCULO XX

*Obra adquirida para o PNLD/SP – 2002
e pela Fundação Bradesco – 2004*

2ª edição

Conforme a nova ortografia

Copyright © Arley Andriolo, 2000

Editor
Rogério Gastaldo
Assistentes editoriais
Elaine Cristina del Nero
Nair Hitomi Kayo
Secretária editorial
Rosilaine Reis da Silva
Suplemento de trabalho
Sérgio Souza
Pesquisa iconográfica
Arley Andriolo
Coordenação de revisão
Pedro Cunha Jr. e
Lilian Semenichin

Gerência de arte
Nair de Medeiros Barbosa
Supervisão de arte
Vagner Castro dos Santos
Projeto gráfico
Christof Gunkel
Capa
Antonio Roberto Bressan
Diagramação
Alexandre Silva

*A meus irmãos
e ao querido Ian*

**Dados Internacionais de Catalogação na Publicação (CIP)
(Câmara Brasileira do Livro, SP, Brasil)**

Andriolo, Arley
  Modernidade e modernismo : transformações culturais e artísticas no Brasil do início do século XX / Arley Andriolo. — São Paulo : Saraiva, 2001. — (Que História é Esta?)

  Bibliografia.
  ISBN 978-85-02-03320-7 (aluno)
  ISBN 978-85-02-03321-4 (professor)

  1. Arte - Brasil - História 2. Brasil - História - Século 20 3. Cultura - Brasil - História 4. Modernismo (Arte) - Brasil I. Título. II. Título : Transformações culturais e artísticas no Brasil do início do século XX. III. Série.

00-5144   CDD-981.05

Índices para catálogo sistemático:

1. Brasil : História : Século 20   981.05
2. Século 20 : Brasil : História   981.05

2ª edição/3ª tiragem
2011

Rua Henrique Schaumann, 270 – Pinheiros – São Paulo-SP
Tel.: PABX (0**11) 3613-3000 – Fax: (0**11) 3611-3308
Fax Vendas: (0**11) 3611-3268 – Atendimento ao Professor: 0800-0117875
Endereço Internet: www.editorasaraiva.com.br – E-mail: paradidatico@editorasaraiva.com.br

Impressão e Acabamento: Cometa Grafica e Editora
www.cometagrafica.com.br - Tel- 11-2062 8999

Sumário

Introdução, 6

1.
A modernidade, 7

Que é ser moderno?	7
O Brasil na modernidade	9
Modernidade e urbanização	12
Modernidade e conflito social	16

2.
Viver na modernidade brasileira, 18

A vida popular	18
Viver à francesa	23
Vida de artista	26

3.
Uma cultura caipira, 28

O que é ser brasileiro?	28
Imagens do caipira	31
Música caipira na cidade	33

4.
O modernismo nas artes, 36

Revoluções da Arte Moderna	36
Quem era vanguarda no Brasil?	42
O tratamento de choque	47
Depois da Semana...	50
Modernismo, nacionalismo e cultura popular	51

5.
Rumo à década de 1930, 54

Linha do tempo, 56

O que ler, ver, ouvir, visitar e por onde navegar..., 58

Somente com o exercício do olhar podemos identificar o que está representado nessa imagem. Que será? Um corpo? Pintura de Antônio Gomide, *Nu cubista*, óleo sobre tela, 1930, col. Gerand Loeb.

O "realismo" desta imagem nos coloca diante de uma questão: o objetivo da arte é reproduzir aquilo que os olhos veem da maneira mais direta possível? Obra de Rodolfo Amoedo, *Marabá*, 1882, col. Museu Nacional de Belas Artes.

Introdução

O que podemos deduzir a partir da observação da primeira imagem desta página?

Não se trata de um retrato que mostre a realidade da mesma forma que a vemos. Existe uma figura que está "escondida" em meio às cores e formas. Fixando o olhar, poderemos ver surgir alguma coisa: o quê?

Por que o pintor não realizou o seu trabalho de modo que nós, os observadores, pudéssemos reconhecer rapidamente aquilo que representava?

Houve épocas na história do Brasil, principalmente no século XIX, em que as pinturas buscaram de modo intenso representar as coisas da maneira mais realista possível. O corpo humano, os animais, as plantas e os frutos eram todos minuciosamente estudados para que o observador reconhecesse na pintura exatamente uma cópia do real, ou melhor, se sentisse graciosamente iludido por uma imagem que parecia ter vida própria. Vejamos, por exemplo, a figura ao lado. A moça apresenta um olhar muito realista, e os objetos são incomodamente vívidos.

Por que não se continuou a fazer as pinturas e outras obras de arte da mesma forma durante o século XX? Que motivos levaram muitos artistas a fazer obras que fogem da representação natural das coisas? Em alguns casos, pintores e escultores chegaram a romper completamente com as figuras e a fazer um tipo de arte totalmente abstrata, na qual não há nenhuma figura representada, somente formas. Por quê?

Neste livro veremos que a arte faz parte da cultura e da sociedade; somente com uma visão de conjunto do período histórico podemos melhor entendê-la. Se pretendemos descobrir como as imagens foram se modificando, temos de refazer esse percurso relendo os textos de época e examinando as obras artísticas que nos chegaram. Há que se investigar os acontecimentos sociais, políticos e econômicos das primeiras décadas do século XX. Enfim, estudar as primeiras tentativas de modernização do Brasil entre os anos de 1910 e 1930 e seus reflexos sociais, tanto entre a elite quanto entre as classes populares e demais membros da sociedade.

Vamos verificar, inicialmente, o que podemos entender por "modernidade" e "modernismo". Depois, examinaremos os principais segmentos da sociedade brasileira, podendo constatar como eram seus modos de produzir cultura. Nesse momento, caberá percorrer o interior das moradias, para ali observar o lugar da arte em cada uma das classes sociais, além da própria situação profissional dos artistas. Por fim, passaremos ao ambiente mais específico, São Paulo, onde foram realizadas as primeiras exposições de arte moderna e onde ocorreram também os primeiros debates em torno dessa questão. Veremos que nas manifestações artísticas daquele tempo existiam pessoas que eram a favor do modernismo e as que eram contrárias a ele, sendo que a maioria olhava com estranheza obras como as de Antônio Gomide.

1. A modernidade

Que é ser moderno?

Quando falamos que algo é moderno, nos chega à cabeça a ideia de algo novo, "da moda", "último tipo" etc. Mas de onde vem esse termo?

A origem da palavra é latina, *modernus*, ou *mos hodiernus*, usada em Roma no início da Era Cristã para designar "costumes atuais". Daí também deriva a palavra moda, associada com o latim *modus*. Com o passar dos anos, a palavra foi citada sempre que se queria provocar uma oposição entre o novo e o velho, o recente e o ultrapassado.

No século XVI, na Europa, por exemplo, falou-se muito que as pessoas viviam num "tempo moderno", para se opor ao que existia anteriormente, no período por nós conhecido como Idade Média. Já no século XIX, a palavra voltou com muita força, para então designar como moderno o modo de vida da sociedade industrial.

As transformações ocorridas entre os séculos XVII e XVIII mudaram os rumos do planeta. Entre outros acontecimentos, surgiu o capitalismo como sistema econômico dominante, os Estados europeus organizaram-se em nações fortes que avançaram pelos mares na conquista de novos territórios, como a América e a Ásia. Com a renda originária dessas conquistas, essas nações puderam acumular muitos recursos e investir em tecnologias de produção. Na Inglaterra, começaram a surgir máquinas, inicialmente a vapor, que aumentaram a capacidade dos Estados de produzir suas mercadorias. O conjunto de acontecimentos que permitiram o desenvolvimento tecnológico europeu é chamado de Revolução Industrial.

No século XIX, Londres ergueu-se como símbolo de cidade moderna. A modernidade estava representada na tecnologia, nas máquinas e nas chaminés. Litografia, 1855.

A Revolução Industrial permitiu aos Estados europeus que modernizassem suas economias e criassem novas máquinas, provocando uma mudança social radical, com o consumo de bens e o gosto por coisas novas. Tal situação marcou a Europa sobretudo durante o século XIX.

Isso tudo foi a preparação para a chamada "modernidade europeia", que coincide com o modernismo na cultura, no decorrer do século XIX. A palavra modernidade começou a ser utilizada com intensidade por volta de 1840, com o intuito de afirmar que o antigo havia ficado para trás. Leiamos, a seguir, um texto de um dos mais destacados autores da modernidade, o francês Charles Baudelaire (1821-1867):

"É verdade que a grande tradição se perdeu e que a nova ainda não nasceu. O que era essa tradição senão a idealização comum e habitual da vida antiga? Vida vigorosa e guerreira, posição defensiva de cada indivíduo, que lhe dava o hábito dos gestos sérios, das atitudes majestosas ou violentas. Acrescente-se a isso a pompa que se refletia na vida privada. A vida antiga, constituída sobretudo para o prazer dos olhos, representava muito, e esse paganismo quotidiano contribuiu maravilhosamente para as artes.

Antes de procurar o lado épico da vida moderna e de demonstrar com exemplos que a nossa época não é menos fecunda, em motivos sublimes, que as épocas antigas, pode-se afirmar que, assim como todos os séculos e todos os povos tiveram sua beleza, nós certamente temos a nossa. Isso é inevitável". ("Do heroísmo da vida moderna", 1846, in José Teixeira Coelho Netto, org., *A modernidade de Baudelaire*, Rio de Janeiro, Paz e Terra, 1988, p. 23.)

O que fica evidente por esse texto é justamente a crise do antigo e a transformação para algo novo. Para Baudelaire, a vida moderna deveria ser observada por todos, principalmente os artistas, os "heróis da modernidade", que dela deveriam tirar os motivos para as suas obras. Claro que não se olhariam simplesmente as conquistas, mas também os pontos que poderiam ser criticados.

A capital da França emerge como o local reconhecido mundialmente no que diz respeito às artes e à moda. Artistas de várias partes do mundo visitavam a moderna Paris. Lá os grupos mais ricos da sociedade podiam encomendar pinturas de célebres artistas, caminhar por lojas de artigos luxuosos, ou ainda saborear bebidas e pratos exóticos.

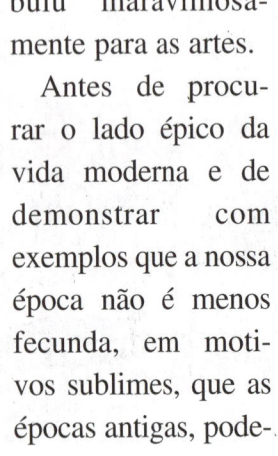

Se Londres era a referência da economia moderna, Paris representava a cultura moderna. Nesta obra de Claude Monet, *O cais do Louvre*, 1867, vemos o que era novidade na época: homens e mulheres passeando pelas ruas e praças, exibindo a última moda em seu vestuário. Se pudéssemos ver mais de perto, notaríamos os gestos "chiques" daquelas pessoas. Pintura impressionista.

Para resumir os usos da palavra moderno, convém delimitar como a utilizaremos neste livro. Iremos chamar de modernização o processo econômico e tecnológico que culmina no século XIX com uma economia de consumo baseada nas novas fábricas, inicialmente desenvolvida nos países europeus, expandindo-se para outros países no século seguinte, como é o caso do Brasil. Já a palavra modernismo será utilizada para caracterizar o desenvolvimento cultural, principalmente artístico, que acompanha esse processo de modernização.

O Brasil na modernidade

Na virada para o século XX, o Brasil mantinha forte sua posição de produtor agrícola, voltado para o mercado externo, mantendo a longa tradição iniciada com a colonização da América pelos portugueses. O grupo dominante na política com a Proclamação da República, em 1889, não modificou esse quadro.

Uma mudança significativa para esse início de República deu-se em relação à política externa. Durante todo o Império as relações econômicas ocorreram com a Inglaterra e, paulatinamente, passaram a ser firmadas com os Estados Unidos. Um exemplo disso está na Constituição de 1891, modelada segundo os critérios estadunidenses, organizando uma Federação com estados autônomos e um regime presidencialista com voto direto e universal. Entenda-se, nesse caso, as distinções do nosso atual regime: naquela ocasião o voto era aberto e não secreto e "universal", o que significa que votavam todos aqueles que estivessem previstos na lei, ou seja, homens maiores de 21 anos.

O café era o principal produto destinado ao mercado externo. Inicialmente produzido na periferia do Rio de Janeiro, avançou para o estado de São Paulo ao longo do século XIX e início do XX. Com a República, a cafeicultura dominou boa parte do interior paulista e produziu uma elite econômica que fez nas cidades as suas moradias mais distintas, como pode ser observado, por exemplo, em construções das cidades paulistas de Ribeirão Preto, Campinas, Bananal e, principalmente, São Paulo.

A geografia da atividade cafeeira era bastante peculiar. A necessidade de novas terras para se manter a produtividade fazia com que as plantações migrassem para novas regiões. Assim, do subúrbio da cidade do Rio de Janeiro, avançaram pelo Vale do Paraíba, atingindo, na virada para o século XX, o interior paulista. Obra de Antonio Ferrigno, *O terreiro*, 1903, Museu Paulista da Universidade de São Paulo.

Observe na imagem a estrutura de uma fazenda de café. Nos montes, vemos as plantações no sistema antigo, ou seja, sem as curvas de nível utilizadas atualmente. Os terrenos vazios em meio às edificações serviam para a secagem dos grãos. No centro, a casa de paredes brancas era a moradia do senhor. Ao seu lado estão as instalações de beneficiamento e armazenamento do café. Pintura acadêmica de Georg Grimm, *Fazenda Cataguá*, óleo sobre tela. Abaixo, o Teatro Nossa Senhora da Paz, construído entre 1875 e 1878, um dos marcos arquitetônicos resultantes do capital proveniente da exploração da borracha no Norte do Brasil. As colunas da fachada e seu frontão triangular são características do modelo "neoclássico". Porém, não havia no Brasil "pureza de estilo"; outros elementos eram associados, formando o "ecletismo" na arquitetura.

O Rio de Janeiro, na época capital da República, também se beneficiou desse produto econômico.

No Norte do país, a região amazônica desenvolvia-se com a circulação do capital da borracha, extraída em grande quantidade na virada do século. Principalmente a partir de 1880, a produção começou a avolumar-se. Era o momento em que na Europa e nos Estados Unidos aumentava o consumo dessa matéria-prima para a fabricação de pneus.

No Velho Continente a bicicleta tornava-se meio de transporte e diversão entre as diversas classes sociais, e nos Estados Unidos os automóveis começavam a ser fabricados em maior escala. Essa situação foi surpreendente no início do século XX, a ponto de o grupo econômico de Henry Ford criar no Brasil a chamada "Fordilândia", uma cidade planejada para abrigar a produção que abasteceria as fábricas de pneus (localidade ainda hoje existente, com poucos habitantes).

Observe o quadro desta página e compare a situação econômica de cada produto nas exportações brasileiras. Na virada do século XX, a borracha representava o segundo produto nas exportações. Dos estados do Nordeste migraram muitos trabalhadores a fim de empregarem-se na extração da borracha.

Cidades como Belém e Manaus foram privilegiadas pela riqueza que se originou dessa atividade. As elites investiram grandes somas para modernizar essas cidades. Como São Paulo e Rio de Janeiro, que se beneficiaram com a cafeicultura, nas citadas localidades do Norte instalaram-se linhas de bondes elétricos, promoveram-se obras sanitárias, iluminação elétrica, além de alguns edifícios públicos construídos na ocasião que ostentavam o poder dos empresários da borracha. Tais prédios são atualmente símbolos daquela época.

O Nordeste continuava tendo como principal produto o açúcar, cultivado desde o século XVI. Podemos observar pelo quadro o crescimento de um novo produto que se instalou principalmente no sul da Bahia, tendo como cidade central Ilhéus: o cacau.

Na Europa, a modernidade estava relacionada diretamente com a industrialização. Na América Latina, porém, localizada na chamada "periferia" do sistema econômico dominado pelos europeus, a modernidade ocorreu de modo diferente. O Brasil ocupava a posição de produtor de gêneros agrícolas na divisão econômica mundial, enquanto os países europeus investiam em suas indústrias. Isso quer dizer que a modernidade aqui tem uma base econômica agrícola.

A elite de cafeicultores preferia manter seus investimentos no campo, desenvolvendo políticas que beneficiavam as atividades rurais, deixando a criação de fábricas para segundo plano. É desse período, por exemplo, a chamada "política café com leite", quando paulistas e mineiros revezaram-se no Governo Federal, implementando políticas de controle de preços que beneficiavam os produtores de café.

Apesar dessa continuidade das elites agrárias no poder, alguns investimentos começaram a ser deslocados para o setor industrial, criando as primeiras condições para uma certa industrialização brasileira. O Barão de Mauá (que também era visconde) está entre os mais famosos representantes daqueles que introduziram ideias fabris no Brasil durante o Império. Simultaneamente, iniciou-se a produção de tecidos rústicos na Bahia. Fábricas foram abertas em Minas Gerais e no Rio de Janeiro, com máquinas movi-

@ Na Internet: www.cidades.com.br

Barão de Mauá: http://veja.abril.com.br/historia/republica/memoria-visconde-de-maua.shtml

Quadro das Exportações Brasileiras entre 1889 e 1929									
Períodos	Café	Borracha	Açúcar	Cacau	Mate	Fumo	Algodão	Couros	Outros
1889-1897	67,6	11,8	6,5	1,5	1,1	1,2	2,9	2,4	4,8
1898-1910	52,7	25,7	1,9	2,7	2,7	2,8	2,1	4,2	5,2
1911-1913	61,7	20,0	0,3	2,3	3,1	1,9	2,1	4,2	4,4
1914-1918	47,4	12,0	3,9	4,2	3,4	2,8	1,4	7,5	17,4
1919-1923	58,8	3,0	4,7	3,3	2,4	2,6	3,4	5,3	16,5
1924-1929	72,5	2,8	0,4	3,3	2,9	2,0	1,9	4,5	9,7

Fonte: Quadro baseado em Boris Fausto, *História do Brasil*, São Paulo, Edusp, 1995, p. 292.

das a vapor, produzido pela queima de carvão importado da Europa.

A cafeicultura, em contrapartida, permitiu que novos capitais fossem destinados às indústrias, no intuito de os empresários do café variarem seus investimentos. Particularmente em São Paulo, viu-se surgir uma quantidade considerável de fábricas. Essa cidade ampliava suas possibilidades comerciais graças a sua localização estratégica na economia cafeeira. A construção de novas ferrovias gerou empregos, e o consumo desses trabalhadores estimulava o comércio de produtos industrializados.

As fábricas de tecidos foram as primeiras a surgir no Brasil, como foi o caso da produtora de tecidos São Luís, em Itu, interior de São Paulo, fundada em 1869. Depois, vieram as fábricas de alimentos, como o moinho de Francisco Matarazzo, inaugurado em 1900, no bairro do Brás, em São Paulo.

Mesmo com essas novas fábricas, a maioria dos produtos industrializados continuava a ser importada. Houve apenas uma pequena oscilação na condição do Brasil como importador entre os anos de 1914 e 1918, com a Primeira Guerra Mundial, quando houve escassez de vários produtos, o que contribuiu para um breve crescimento das indústrias brasileiras.

Modernidade e urbanização

Além da industrialização, outro aspecto da modernidade foi a urbanização, ou seja, um crescimento acelerado de algumas cidades. Na Europa, surge o termo *belle époque* ("bela época", em francês), para designar o período de renovação das cidades francesas, particularmente Paris. Essa época resumia os ideais de beleza da burguesia europeia, que projetava novas cidades para usufruir dos progressos tecnológicos do século XIX. Paris era também reconhecida como a capital mundial das artes, sendo, pois, o modelo de cidade copiado por vários países.

A Torre Eiffel, com seus 304,80 metros de altura, vista nesta pintura, foi inaugurada em 1889, na Exposição Internacional de Paris. É um símbolo do avanço técnico da modernidade e também da cidade culturalmente dominante do século XIX. Pintura pontilhista de Georges Seurat, *Torre Eiffel*, 1889, óleo sobre madeira.

A Torre Eiffel, inaugurada em 1889, está entre as obras que marcaram a modernidade parisiense.

Das novidades que surgiram, convém destacar: os irmãos Lumière deram início às primeiras projeções cinematográficas; o telégrafo sem fio foi inventado por Marconi; os raios X foram estudados por Roentgen; e Santos Dumont realizou seu primeiro voo em torno da Torre Eiffel.

No Rio de Janeiro, o Cinematógrafo Rio Branco começou a projetar filmes mudos, que eram sonorizados ao vivo. A luz elétrica substituía os antigos lampiões a gás, assim como o burro deixava de ser a força principal na tração dos bondes. As transformações urbanas não ocorreram somente no Rio de Janeiro, mas também em Porto Alegre, Curitiba, Salvador, Recife e São Paulo, além das já citadas Manaus e Belém.

Em São Paulo, os dois fatores vistos anteriormente — o destino do capital do café para a indústria e a crise provocada pela Primeira Guerra — conjugaram-se, contribuindo para que a cidade assumisse o primeiro lugar na produção industrial brasileira. Em algumas cidades do estado de São Paulo, os fazendeiros adquiriram terrenos e criaram novos bairros, com edificações luxuosas compartilhadas também pela nascente burguesia, detentora de casas comerciais e fábricas.

Na capital do estado, a construção de casarões deu-se inicialmente em torno dos bairros de Campos Elíseos e Higienópolis. Por volta de 1891, realizaram-se as obras viárias da Av. Paulista, para abrigar a burguesia paulistana. Ali foram edificados diversos palacetes, os mais requintados da cidade, destinados às famílias que enriqueciam na capital. Ricos comerciantes, como os Matarazzo, tiveram nessa avenida suas residências.

Se a Torre Eiffel era símbolo em Paris, a Estação da São Paulo Railway, conhecida como Estação da Luz, era o marco da modernidade em São Paulo. Inaugurada em 1901, substituiu a antiga de 1865. Sua torre despontava como a mais alta da cidade.

Acervo ECA/USP

BH na Internet
www.pbh.gov.br

Foi nessa época também que se construiu Belo Horizonte, inaugurada em 1897. Num projeto ambicioso do governo mineiro, o antigo povoado de Curral del Rei foi escolhido para sede da nova capital do estado de Minas Gerais. A antiga capital, Ouro Preto, estava longe de se aproximar do padrão de beleza e de cidade moderna daquela época. Buscava-se uma capital que ostentasse a riqueza do estado. Escolheram modelos franceses de edifícios e desenharam totalmente o traçado das ruas e dos lotes, segundo os valores da *belle époque*.

O Rio de Janeiro foi o local onde ocorreram os principais investimentos em reformas urbanas. Na presidência de Rodrigues Alves, quando era prefeito do Rio o engenheiro Francisco Pereira Passos, foram implementadas diversas obras de embelezamento das vias públicas. As novas regras de higiene, recém-criadas na Europa, dominavam a mentalidade dos homens públicos e profissionais da saúde.

Mas como embelezar e higienizar uma cidade do porte do Rio de Janeiro? Vamos por etapas para entender melhor o que acontecia naquela época.

A elite carioca abandonou o centro da cidade e bairros adjacentes, como São Cristóvão, sendo acompanhada pelos investimentos do dinheiro público. O governo iniciou o calçamento de ruas e instalação de serviços básicos, como os de saneamento e iluminação, rumo à zona sul. Criou-se, assim, um estado de abandono de investimentos públicos na zona central.

No entanto, a população não havia abandonado essa região. Os antigos casarões começaram a ser alugados para famílias de baixa renda, que dividiam os cômodos de uma mesma casa, criando os chamados cortiços e aumentando a quantidade de pessoas moradoras do centro carente dos serviços básicos.

Rodrigues Alves:
www://www.an.gov.br/crapp_site/presidente.asp?rqID=11

As reformas urbanas do Rio de Janeiro incluíram até mesmo a retirada de morros inteiros, como é exemplar o caso do Morro do Castelo, visto aqui no momento do desmonte, em 1922. Fotografia de Augusto César Malta, "O que resta da igreja do morro do Castelo".

No final do século XIX, com a abolição da escravatura e a decadência da cultura cafeeira nos arredores do Rio de Janeiro e do Vale do Paraíba, que se deslocava para o interior paulista, aumentou o contingente de pessoas desempregadas e obrigadas a morar em condições insalubres.

Próximo ao centro, está o porto do Rio de Janeiro, na época um dos maiores do Brasil. A chegada e a saída de navios e cargas forneciam à região um movimento intenso. Marinheiros, imigrantes, comerciantes e viajantes estrangeiros, animais de transporte, mulas e cavalos, todos misturavam-se nas estreitas ruas, num ambiente propício para a proliferação de doenças que ali se instalavam, agravada pela falta de investimentos do governo na área de saneamento básico.

Também chegavam da Europa novos ideais de higiene, trazidos por jovens filhos da elite brasileira que concluíam seus estudos no exterior. Constatou-se que a situação em que se encontrava a capital do país era desconcertante para a imagem que a República queria transmitir. Além disso, no exterior, corria a notícia do perigo das doenças transmitidas no porto; diziam que a cidade era "túmulo de estrangeiros".

Motivados mais pela necessidade de mudar a imagem da cidade do que por melhorar as condições de vida da população, governantes, engenheiros e médicos iniciaram as reformas que marcaram a história do Rio de Janeiro e das várias pessoas que viveram aqueles momentos difíceis, na virada para o século XX.

Começaram por evacuar os cortiços, enviando os seus moradores para a periferia, distantes de seus empregos. Morros inteiros foram removidos para a construção de novas avenidas, modernas, como prediziam os ideais da modernidade. A eletricidade passava a ser usada para a iluminação pública, e a elite carioca, bem como viajantes, podia vislumbrar na capital os traços da *belle époque*.

Mas, como se vê, as reformas tinham como objetivo mudar a aparência e não o conjunto da cidade. A população que permaneceu no centro sofreu com o assédio da polícia e dos profissionais de saúde; os que foram para a periferia ficaram sem nenhum serviço público básico e isolados da vida urbana moderna. Todos eles viviam aquilo que se denominou de "inferno social":

"[...] a oferta de mão de obra abundante excedia largamente a demanda do mercado, aviltando os salários e operando com uma elevada taxa de desemprego crônico. Carência de moradias e alojamentos, falta de condições sanitárias, moléstias (alto índice de mortalidade), carestia, fome, baixos salários, desemprego, miséria: eis os frutos mais acres desse crescimento fabuloso e que cabia à parte maior e mais humilde da população provar". (Nicolau Sevcenko, *Literatura como missão*, 3. ed., São Paulo, Brasiliense, 1989, p. 52.)

Muitos intelectuais questionaram essa opção do governo, e acalorados debates envolveram a antiga capital do Brasil, mas isso não impediu que os ideais de modernização urbana, chamados à época de "regeneração", continuassem a se difundir pelas grandes capitais brasileiras. Se Paris era o modelo para a reforma do Rio de Janeiro, este surgia como modelo aplicado em Salvador, Recife e Porto Alegre. Cada qual ao seu modo, demoliam cortiços, abriam novas avenidas e construíam imponentes prédios públicos e marginalizavam, ainda mais, a população de baixa renda.

Modernidade e conflito social

Como se vê, a modernidade que muito encantava as pessoas pelo desenvolvimento tecnológico não conseguiu, no entanto, diminuir as relações de exploração entre os homens, nem tampouco reduzir a pobreza da maioria da população. A industrialização e a urbanização foram seguidas, tanto na Europa como no Brasil, por violentos conflitos sociais.

Por aqui, as duras condições de vida nas cidades e as políticas já descritas aumentaram ainda mais as tensões entre as pessoas. De um lado, a elite e a prefeitura criavam espaços privilegiados para o seu desfrute, de outro, a maioria da população disputava locais insalubres para moradia, empregos, alimentos e outras condições mínimas de existência.

As tentativas do Governo em minimizar os conflitos aumentaram ainda mais a tensão no início do século XX. Veja o exemplo dos manicômios, que se tornaram depósitos de indivíduos rebeldes, contrários às mudanças impostas, ou mendigos e prostitutas, colocados em condições insalubres junto aos doentes. O Hospício Nacional teve um aumento de 7 849% nas internações entre os anos de 1889 e 1898.

Começaram então a brotar atos de descontentamento e revolta. Em 1900, por exemplo, durante três dias os cocheiros do Rio realizaram uma greve que resultou num choque violentíssimo com a polícia e, em 1901, manifestantes contestaram o aumento da tarifa dos bondes no Rio, promovendo um quebra-quebra de mais de vinte carros. Depois, em 1909, irritada com os serviços oferecidos pela empresa Light em São Paulo e no Rio de Janeiro, a população realizou mais um quebra-quebra de bondes e postes.

Um dos principais movimentos sociais desse período foi a Revolta da Vacina, de 1904. Como a questão higiênica estava entre as maiores preocupações do governo na melhoria da imagem do Rio de Janeiro como cidade moderna, aliou-se às obras de abertura de avenidas e demolição de antigos casarões uma campanha pública de erradicação de doenças. Para tanto, o presidente Rodrigues Alves lançou mão de todo o aparato oficial: polícia, bombeiros, o Exército e a Marinha. O responsável pela política de saneamento foi o médico Oswaldo Cruz, empossado como diretor da Saúde Pública do Rio em março de 1903. Seu plano mais significativo: vacinar contra a varíola toda a população carioca no menor prazo possível.

As medidas foram autoritárias e não previram um trabalho de educação geral de prevenção, tampouco resolveram o problema das habitações insalubres da maioria da população de baixa renda. Foram vacinadas à força centenas de pessoas. Imagine o sentimento dos que tiveram suas casas invadidas por um governo que nunca lhes havia dado nada, vacinando desde os idosos até as crianças.

O resultado não poderia ter sido outro. A população, indignada com a maneira autoritária como estavam sendo implantadas as reformas, revoltou-se contra a vacina obrigatória. Deu-se então um dos mais importantes acontecimentos sociais do início do século XX: a população enfrentou diversas vezes a polícia e o Exército nas ruas do Rio.

@ Oswaldo Cruz: http://www.fiocruz.br/

Não pensemos, porém, que essa revolta popular tenha sido totalmente desordenada. Foi criada a Liga Contra a Vacina Obrigatória, que realizava reuniões sistemáticas, visando organizar os envolvidos na peleja e conduzir de maneira coesa o movimento. Dias depois, o governo, impotente diante da força popular, suspendeu a obrigatoriedade da vacina, mas perseguiu vários dos envolvidos, punindo-os severamente. Muitas pessoas foram encarceradas na ilha das Cobras ou extraditadas para a Amazônia.

Leonidas fez um retrato caricato da "Revolta da Vacina", em 1904.

É importante notar que, embora o estado de descontentamento da população brasileira tivesse provocado revoltas isoladas, aos poucos os manifestantes começaram a se organizar, sobretudo no que dizia respeito às reivindicações trabalhistas.

Em 1902, foi fundado o primeiro Partido Socialista Brasileiro, e os trabalhadores iniciaram reivindicações por melhores condições de salário e emprego. Naquele momento, não havia regulamentação sobre a jornada diária, que poderia passar de doze horas, não estavam previstas férias, e mulheres e crianças dividiam com os homens os mesmos postos nas fábricas.

Uma movimentação de trabalhadores resultou na primeira greve geral do país, em 1903, iniciada em fábricas de tecidos, ganhando apoio de diversos setores da sociedade no Rio de Janeiro. Nesse ano registrou-se o maior número de greves de todas as primeiras décadas do século. Nos anos seguintes ocorreram novas greves. Vejamos:

• 1905, nos portos de Santos e Rio de Janeiro; de carroceiros em Santos e a primeira grande greve de São Bernardo do Campo, no estado de São Paulo, com operários de fábricas de tecidos;

• 1906, greve na Estrada de Ferro Paulista, que resultou em violenta repressão, com mortos e feridos;

• 1909, greve de funcionários da Light e da fábrica São Bento, em Jundiaí, São Paulo;

• 1912, greve de sapateiros pela jornada de 8 horas diárias em São Paulo;

• 1914, greve em fábricas de tecido em Sorocaba contra diminuição de salário. E várias outras greves foram assinaladas.

Por fim, também entre os militares emergia o descontentamento. Os homens de farda organizaram-se em reivindicações, como o "quebra lampiões", de 1904, um motim de alunos da Escola Militar. Em 1905, ocorreu a rebelião de soldados da fortaleza Santa Cruz, e, cinco anos depois, a importante Revolta da Chibata, movimento surgido entre marinheiros na Baía da Guanabara (ver *A Revolta da Chibata*, de Maria Inês Roland, São Paulo, Saraiva, 2000).

2. Viver na modernidade brasileira

A vida popular

As grandes cidades pareciam panelas de pressão, dentro das quais borbulhavam os conflitos da modernidade. No campo, os conflitos não eram menores, apenas menos visíveis. É o caso da Guerra de Canudos, brilhantemente descrita por Euclides da Cunha em seu livro de 1902, *Os sertões*.

Nas áreas produtoras de café, os trabalhadores questionavam os termos dos contratos e a exploração quase servil de seus serviços. Organizaram greves, por exemplo, em Piracicaba, em 1906, e na região de Ribeirão Preto, em 1913, ambas no estado de São Paulo.

Há que se considerar que, mesmo com novas fábricas, a maior quantidade de trabalhadores nos primórdios da República ainda permanecia morando no campo. O censo de 1920 mostra que, das 9,1 milhões de pessoas em atividade no país, 6,3 milhões (69,7%) dedicavam-se à agricultura; 1,2 milhão (13,8%) trabalhavam nas indústrias; e 1,5 milhão (16,5%) dedicavam-se aos serviços.

Apesar de todas as transformações culturais do período, principalmente concentradas nas cidades, tanto no Sul como no Norte do país, a riqueza produzida pelas exportações não se reverteu em melhoria nas condições de vida da maioria das pessoas. A miséria era grande.

Se nas cidades as transformações tecnológicas eram mais evidentes, no campo elas foram lentas. Muitas famílias pobres viviam em uma economia de subsistência, plantando mandioca, feijão e abóbora no canto de uma imensa fazenda, às margens de um ribeirão.

Por todo o sertão brasileiro, famílias dividiam o trabalho diário na terra para dali tirarem seu sustento. O ritmo de vida era ditado pelo sol, pelas estações etc. Acordava-se ao alvorecer, o homem partia para o roçado, enquanto a mulher ordenhava as vacas. As crianças e jovens tinham também seus afazeres. O descanso vinha somente aos domingos, quando se reuniam na igreja do povoado mais próximo.

"Garrafeiros", aqui registrados pela fotografia de Marc Ferrez, c. 1895, era mais uma dentre as várias profissões populares existentes nas cidades brasileiras. Repare nas roupas e na fisionomia dessas pessoas e procure imaginar as condições da vida popular que descrevemos.

A vida dos jovens no campo

Cedo na vida crianças camponesas iniciam, com os pais e os irmãos mais velhos, o aprendizado dos ofícios caipiras do rancho, do terreiro, da roça e da mata. Por volta dos cinco ou seis anos uma menina começa a ajudar a mãe nas rotinas da casa. Um pouco mais tarde ela lava a roupa, cuida das "criações" e ajuda a mãe nas alquimias diárias da cozinha. Com menos de dez anos mistura a escola — quando vai à escola — com os cuidados da casa, sempre que a mãe e as irmãs mais velhas vão para a roça nos tempos de trabalho mais intenso na lavoura. Cedo também o menino cuida com o pai de assuntos do quintal e leva "pros homens" a comida diária, quando a roça é longe do rancho. Um pouco mais tarde meninos aprendem, no ofício do trabalho, os segredos do lavrar e trabalham com os pais, tios, padrinhos e outros "mais velhos" nos diferentes "serviços" do lavrador. Na idade em que algumas meninas da cidade começam a largar de lado as bonecas, algumas moças da roça podem estar começando a carregar o primeiro filho. Ao longo da puberdade a família e a comunidade da vizinhança esperam que ela conheça boa parte do que uma mulher caipira precisa saber para casar. Para "tocar" por conta própria um rancho e uma família. Jovem ainda um lavrador caipira é um homem preparado para "tocar sua roça" e responder pela sua família.

(In C. R. Brandão, *Os caipiras de São Paulo*, São Paulo, Brasiliense, 1983, p. 67.)

A tapera em que moravam era modesta, feita em taipa de sopapo, o conhecido pau a pique, coberta de palha ou telhas de barro. O piso era de terra batida, em cima do qual esticavam-se esteiras como assento, ou mesmo para dormir, quando não havia uma cama rústica ou uma rede.

Em São Paulo, contudo, tal condição de vida foi se alterando sensivelmente com o avanço da cultura cafeeira. Quando as terras entraram na mira dos fazendeiros de café, os posseiros antigos e suas famílias foram obrigados a deslocar-se para terras de fronteira ou entraram em acordo com os fazendeiros, trocando seu trabalho pela permanência na terra.

Chegavam também os imigrantes contratados para trabalhar nas fazendas de café. Muitos, iludidos por promessas do Governo, pensando que receberiam terras para tornar-se proprietários,

A cultura cafeeira e a vida dos trabalhadores do campo foram temas fundamentais na carreira do pintor Cândido Portinari. Veem-se nesta pintura seus traços característicos, pés e mãos grossos, feições africanas nos rostos das gentes. *Café*, 1934, col. Museu Nacional de Belas Artes, Rio de Janeiro.

acabavam por trabalhar como colonos de algum fazendeiro. Houve, é verdade, imigrantes que receberam lotes de terra, mas não em São Paulo. Foi principalmente no Sul do país, na região serrana de difícil acesso e condições de trabalho que alemães e italianos iniciaram sua colonização como donos de terras.

A longo prazo essa situação transformaria completamente o modo de vida e a cultura das populações rurais. Com a propriedade de terras reservada àqueles que detinham poder econômico, muitos camponeses acabaram por se abrigar nas cidades. Dos imigrantes, vários não suportaram as condições de semiescravidão impostas pelos donos de terras. Acabaram também parando em alguma cidade.

Não podemos esquecer que o fim da escravidão representou uma migração maciça de ex-escravos para as grandes cidades, em busca de melhores condições de vida.

Que situação encontraram todos esses migrantes quando chegaram ao ambiente urbano? Pelo que vimos no capítulo anterior, já se pode ter uma ideia.

Empregados e desempregados, essa grande quantidade de pessoas, estranhas umas às outras (imigrantes estrangeiros, ex-escravos, posseiros desterrados), iria habitar locais em condições subumanas e disputar empregos de salários irrisórios.

Os ex-escravos foram os que mais sofreram com o desemprego. O preconceito era grande e seus conhecimentos pouco interessantes à sociedade moderna.

A partir das últimas décadas do século XIX começaram a chegar levas de imigrantes ao Brasil. Alguns iriam povoar terras no Sul do país, outros, a maioria, serviriam de braços para a lavoura cafeeira. Aqui, as impressões do lituano Lasar Segall, *Navio de emigrante*, 1939-41, óleo sobre tela, col. Museu Lasar Segall, São Paulo.

Quando empregados, ocupavam-se das tarefas menos reconhecidas, amontoando os sacos de carvão nas ferrovias ou limpando os esgotos das grandes cidades.

Os imigrantes estabelecidos no Brasil na virada do século XX eram italianos, alemães, portugueses, espanhóis, sírio-libaneses, japoneses, entre outros. Cerca de 3,8 milhões de imigrantes aportaram no Brasil entre 1887 e 1930, e aproximadamente 52% fixaram-se no estado de São Paulo, muitos deles nas grandes cidades. Uns dedicaram-se ao comércio, outros, à construção civil e, o que é importante ressaltar, formaram uma massa de operários para os postos das novas fábricas. Em 1893, cerca de 70% dos trabalhadores das fábricas eram estrangeiros.

A casa popular nas cidades era em geral alugada. Aliás, a estabilidade dessas famílias era coisa rara. Quando se perdia um emprego, ou quando apareciam novas oportunidades de emprego, como ocorria com os funcionários da ferrovia que seguiam o caminho dos trens, o imóvel (uma pequena casa, um quarto de cortiço, ou apenas uma parte deste) era então desocupado, dando lugar a outra família.

Imigrantes fixados no estado do Paraná.

Imigrantes:
www.memorialdoimigrante.sp.gov.br

Com a modernidade, a individualidade parece se perder, as pessoas tornam-se números nas filas dos postos de trabalho. O grupo de operários desta pintura demonstra a formação de uma nova classe social no Brasil, uma massa de trabalhadores urbanos que seria também consumidora dos novos produtos industrializados, representados nas chaminés ao fundo. Tarsila do Amaral, *Operários*, 1931, óleo sobre tela, col. Palácio de Verão do Governador do Estado de São Paulo, Campos do Jordão.

Tais habitações eram principalmente locais destinados às necessidades básicas, sem muitos móveis ou objetos decorativos. À margem dos investimentos públicos, as condições de higiene eram precárias por vários motivos, entre eles porque o governo não provia educação pública e saneamento básico. Outro motivo estava também nas condições dos imóveis, lotados de famílias impossibilitadas de pagar por moradia digna.

Algumas famílias moravam em escuros porões, outras dividiam um mesmo cômodo, utilizando lençóis como divisórias. As necessidades fisiológicas e os banhos eram realizados nos fundos do terreno, onde se localizava um ralo e uma latrina. Também nos fundos ficava a cozinha, quando não improvisada dentro dos cômodos.

Lendo as obras de grandes escritores da época, podemos penetrar ainda mais nesse universo sombrio em que viveu a população brasileira do início do século XX. Muitos negociantes compravam lotes e casas antigas e transformavam-nas em quartos de aluguel. Em áreas mais afastadas, as pessoas construíam como podiam sua moradia e lá ficavam até que o desenvolvimento urbano as obrigasse à mudança.

Aluísio Azevedo, em seu mordaz O cortiço, publicado em 1890, descreve como viviam as camadas populares que se dispunham ao aluguel. O cortiço, montado por João Romão, possuía 95 casinhas, construídas a partir de três casas velhas:

"Prontas, João Romão mandou levantar na frente, nas vinte braças que separavam a venda do sobrado do Miranda,

---

Condições de moradia das classes populares no início do século XX

Vejamos o que escreveu, em 1904, o engenheiro Everardo Backheuser, encarregado de redigir um relatório sobre as habitações populares conforme pedido do então ministro do Interior e da Justiça, J. J. Seabra:

E, assim reunida, aglomerada, essa gente — trabalhadores, carroceiros, homens de ganho, catraieiros [espécie de barqueiro], caixeiros de bodegas, lavadeiras, costureiras de baixa freguesia, mulheres de vida reles entopem as casas de cômodos, velhos casarões de muitos andares, divididos e subdivididos por um sem-número de tapumes de madeira, até nos vãos de telhados entre a cobertura carcomida e o forro caruchoso. Às vezes, nem as divisões de madeira: nada mais que sacos de aniagem estendidos verticalmente em septos, permitindo quase a vida em comum, numa promiscuidade de horrorizar. A existência ali é, como se pode imaginar, detestável.

("Onde moram os pobres", apud P. C. G. Maris, "Habitação e vizinhança: limites da privacidade no surgimento das metrópoles brasileiras". In: Fernando A. Novais, org., *História da vida privada no Brasil*, v. 3, São Paulo, Companhia das Letras, 1998, p. 153.)

um grosso muro de dez palmos de altura, coroado de cacos de vidro e fundos de garrafa, e com um grande portão no centro, onde se dependurou uma lanterna de vidraças vermelhas, por cima de uma tabuleta amarela, em que se lia o seguinte, escrito a tinta encarnada e sem ortografia: 'Estalagem de São Romão. Alugam-se casinhas e tinas para lavadeiras'".

Quando a construção era própria, eram utilizados os mais variados materiais, como folhas de zinco, latas distendidas, bambu (material caro para os padrões da época). Tais habitações iam ocupando a encosta dos morros, ou as planícies periféricas em torno das cidades.

Para concluir esse triste quadro, notemos aqueles que dispunham de habitações um pouco melhores. Junto às instalações industriais, foram edificadas, muitas vezes, vilas operárias, que eram conjuntos de casinhas emprestadas ou alugadas aos funcionários de uma determinada fábrica. Essas moradias, porém, não eram de propriedade dos trabalhadores, os quais tinham de deixá-las, caso fossem demitidos.

Viver à francesa

Mesmo diante da rudeza da vida no campo, nota-se que os grandes proprietários de terra e, sobretudo, a elite cafeeira revestiam-se, desde o final do século XIX, de padrões de beleza e hábitos das elites europeias. Como vimos, o principal centro que ditava a moda era Paris e, como não poderia deixar de ser, as famílias abastadas do Brasil buscavam ali inspiração na arquitetura, na decoração, nas vestimentas e mesmo nos modos de se sentar à mesa, segurar os talheres etc.

Porém, a tradição brasileira, herdada dos anos de dominação portuguesa, continuada na formação do Império e depois República do Brasil, tornava esses hábitos franceses algo estranho no dia a dia das fazendas e mesmo das habitações urbanas. Isso fez com que as mudanças caminhassem devagar. Inicialmente surgem os objetos importados (louças, talheres etc.), passando em seguida aos hábitos corporais, no trato das vestimentas ou na polidez dos movimentos.

Um dado importante para o início do século XX foi a mudança de moradia das ricas famílias rurais para os centros urbanos. Esquematicamente, podemos esboçar

A elite, apesar dos contrastes da vida moderna, não deixava de revestir-se de luxo.

A fazenda Resgate, em Bananal (SP), é um dos ricos exemplares de residências remanescentes do período do café. Nas paredes de sua sala de jantar, vemos as pinturas retratando motivos orientais (à esquerda) e plantações de café (ao centro).

uma comparação entre as fazendas do Vale do Paraíba, primeiras grandes produtoras de café, com as da região do Noroeste paulista, desenvolvidas num período posterior. Nas primeiras, as casas de fazenda ostentavam toda a riqueza do proprietário, seja nos objetos decorativos, seja nas pinturas ornamentais das paredes internas. Já nas outras, das atuais regiões de Ribeirão Preto e Bauru, as casas-sede das fazendas eram, em geral, menos luxuosas. Não porque os fazendeiros eram menos ricos, mas porque passaram a morar nas cidades, local privilegiado para a construção de faustosos palacetes, num modo de vida mais urbano. As casas das fazendas passaram de residência principal para local de visita temporária, quase como uma "casa de campo".

O principal meio de atualização sobre as novidades europeias estava nos próprios filhos dessas famílias. Grande parte dos jovens realizava seus estudos na Europa ou passava férias na França. Aprendendo as últimas modas, vinham aplicá-las no Brasil.

A casa da elite, enriquecida principalmente com a cafeicultura ou com o comércio, era o palacete. Seguindo padrões franceses ou mesmo italianos, a arquitetura mesclava esses modelos com outras novidades importadas, resultando naquilo que se denominou "ecletismo". Diferente das antigas casas coloniais, o palacete ficava no centro do lote, distante da rua e protegido por grades de ferro torneado.

Ao entrar num palacete encontrava-se, em geral, um grande *hall* destinado às recepções. Ali, a família recebia seus convidados para festividades e outros eventos. A decoração dessa sala servia para enaltecer o proprietário da casa. Pelos seus objetos pessoais e obras de arte, ele demonstrava sua afinidade com a cultura europeia e sua riqueza a todos que por ali passassem.

Os cômodos eram cada vez mais especializados, ou seja, destinados a atividades bem definidas. Passando o *hall*, atingia-se uma sala para recepções, outra de estar, mais uma de jogos, um escritório, entre outras. Alçando as escadarias, chegava-se às salas mais reservadas, quartos de dormir, *closets* (o cômodo da casa destinado a guardar roupas) etc. A área de serviços ficava sempre nos fundos, distante dos olhares das visitas, assim como a moradia de alguns empregados da casa.

A decoração das salas era carregada. Nas paredes, via-se a cobertura do papel em motivos florais ou geométricos, estendiam-se tapeçarias importadas, espelhos de molduras rebuscadas, retratos diversos. Até o forro recebia ornamentos, nenhum espaço ficava incólume.

No centro, era comum encontrar uma mesinha redonda sustentando um vaso de porcelana e, em seu entorno, poltronas e namoradeiras. Deixava-se ainda espaço no derredor para outras mesinhas, sobre as quais ficavam esculturas com motivos extraídos da mitologia greco-romana. O mobiliário poderia ser em mogno ou jacarandá, madeiras nobres e caras.

A Chácara do Carvalho, 1892-1893, no bairro de Campos Elíseos, São Paulo (SP), é exemplo de moradia da elite cafeeira. Veem-se as plantas do terreno, das edificações e registros do interior.

Vida de artista

Quando se fala em "vida de artista", muitos de nós já imaginam uma vida sem regras. Os mestres lembrados de imediato são Van Gogh, Picasso ou Salvador Dalí. Será que esses nomes representam bem todos os artistas que viveram nos tempos modernos? Será verdadeiro que fazer arte no século XX era puro desvario? E no Brasil, naquela realidade social de grandes desigualdades que acabamos de ver, como seria?

É preciso, primeiramente, desmistificar essa imagem de que todo artista tem uma vida louca, com delírios que lhe permitem criar obras fabulosas. Os artistas de uma determinada época são também trabalhadores, organizados segundo regras próprias e preocupados em se sustentar economicamente.

Existem, é claro, distinções entre os vários tipos de pessoas que fazem arte. No Brasil da virada do século XX, havia aqueles que podiam frequentar aulas de pintura ou escultura na Europa por meio de bolsas dadas pelo Governo. Outros, filhos de famílias ricas, também viajavam para aprender e consumir a cultura francesa. Mas a grande maioria vivia por aqui mesmo, trabalhando arduamente para conseguir um lugar no concorrido "mercado de artes".

Que fique claro: a maioria dos artistas era composta de homens, pois às mulheres era reservado o trabalho doméstico. Nas famílias mais pobres, conjugava-se ao da fábrica ou da roça; nas classes altas, a arte era uma prática de luxo: as moças aprendiam a tocar piano, danças de salão e, somente no início do século XX, o desenho e a pintura. Chiquinha Gonzaga, uma destacada maestrina, está entre as primeiras mulheres que tiveram sua arte reconhecida.

Não podemos esquecer aqueles que faziam arte por lazer, sem intenções financeiras. Para esse caso, tomemos

Observar o ambiente de trabalho de artistas nos ajuda a pensar melhor sobre essa profissão. Rafael Frederico, *Interior de atelier*, 1889.

como exemplo um nome citado pelos pesquisadores da música do interior paulista: José Lanzac. Da região de São João da Boa Vista, Lanzac trabalhava como corretor de seguros, profissão que manteve durante toda a vida. Porém, era também violonista, considerado dos mais virtuosos entre os brasileiros das décadas de 1920 e 1930.

Como era o mercado para os artistas que dependiam da arte para sobreviver? Notemos que cada grupo de artistas, os músicos, os pintores e os escultores, entre outros, segue suas regras de aprendizado artístico, de trabalho e de atuação no mercado. Tomemos como exemplo a pintura.

Num trecho do inventário de uma representante da mais alta elite paulista, Dona Veridiana Prado, podemos ver que era comum o consumo de arte entre as famílias mais ricas.

"Decoravam o salão de visitas amarelo: piano C. Bechstein, pianola americana com banco e diversos discos, vaso japonês, *quadro com paisagens*, armário com espelhos e tampo de mármore, uma caixa, floreira, [...] três poltronas de couro verde com almofadas, armário com espelho e mármore, uma caixa, um porta-flores, dez cadeiras, relógio de mármore preto, escrivaninha, floreira, cama envernizada com cruz, anjo de bronze, jarros de bronze, dois tapetes, estante giratória, dois cavaletes de metal, mesa de centro, porta-cartões, *quadro a óleo de D. Pedro II*, óleo intitulado *Aurora, óleo da Princesa D. Isabel*, um porta-flores, armário contendo *bibelots*, uma tela de Cruz do Campo Alto e tapete para mesa." ("Apêndice: Equipamento da casa de D. Veridiana Valéria da Silva Prado — transcrito na íntegra", In: Maria Cecilia N. Homem, *O palacete paulistano*, São Paulo, Martins Fontes, 1996, p. 254. Grifos nossos.)

Possuir obras de arte era, nas décadas de 1920 e 1930, meio de demonstrar riqueza. Nessa imagem, vemos uma galeria de quadros. Fotografia da Vila Kyrial, do Senador Freitas Valle.

Por esse documento de época, fica clara a preocupação da elite com a decoração, conforme havíamos notado no item anterior. Através dos grifos em *itálico*, vemos as obras de pintura que adornavam o salão. Tais famílias encomendavam retratos de seus próprios membros, imagens do patriarca e da matriarca estavam sempre presentes. Compravam-se ainda quadros prontos representando personalidades ilustres, paisagens ou temas da mitologia greco-romana.

A concorrência entre os artistas não era fácil. A elite, encantada com os produtos importados, dava preferência às obras de artistas estrangeiros, os quais vinham

Com os retratos de seus próprios membros, as famílias ricas ostentavam sua riqueza nas paredes das residências, enaltecendo sua autoimagem. Neste caso, o artista francês Richter retratou *Ana Clara Morais Costa Haritoff*, esposa de Maurice Haritoff, proprietário da fazenda Aliança, óleo sobre tela, col. Museu Nacional de Belas Artes, Rio de Janeiro.

O mulato seria o tipo mais brasileiro? Pintura de Cândido Portinari, *O mestiço*, 1934, col. Pinacoteca do Estado de São Paulo.

comercializar no Brasil. Artistas franceses, italianos ou alemães chegavam desde o período imperial para oferecer os seus serviços na capital, o Rio de Janeiro, e nas emergentes regiões onde o café tornou-se o principal produto: São Paulo e Vale do Paraíba.

Na virada para o século XX, a difusão da fotografia trouxe novos problemas aos pintores brasileiros. Para que contratar um artista se a reprodução fotográfica é muito mais prática? Os artistas menos conhecidos sofreram diretamente essa mudança. Os famosos, entretanto, continuavam seus trabalhos. Fazendo uso da novidade, quando alguém contratava seus serviços, acabavam dispensando os modelos. Bastava tirar uma fotografia e depois, fechado em seu ateliê, o pintor realizava o retrato em grandes dimensões. Houve até uns endinheirados que mandaram suas fotos para a Europa, a fim de serem reproduzidas em pintura por mestres de destaque, podendo, assim, continuar utilizando a arte como meio de demonstração de sua riqueza.

3. Uma cultura caipira
O que é ser brasileiro?

Com a mescla de povos que habitavam as cidades no começo da República, fica uma pergunta: o que era ser brasileiro? Que pensavam as pessoas acerca de sua cultura? E que cultura estava na base da sociedade que criou a arte moderna no Brasil?

É difícil sabermos hoje o que pensavam os brasileiros a respeito de si mesmos. Mas podemos nos utilizar da visão de alguns intelectuais que se dedicaram a essa questão para nos aproximarmos dos

Modernidade e Modernismo
Transformações culturais e artísticas no Brasil do início do século XX
Arley Andriolo

Suplemento de Trabalho

• Que história é esta? Modernidade e Modernismo

Neste livro tivemos contato com as transformações na sociedade e na arte brasileiras do início do século XX. Um momento de profundas mudanças na maneira como as pessoas viviam e sentiam. Vamos agora tentar compreender melhor estas mudanças.

• Que história é esta? Tempo

O livro nos fala do período entre o século XIX e o início do século XX, um momento de profundas transformações sociais, políticas e econômicas. No caso da Europa, essas transformações começaram bem antes, ainda no século XVII.

1. Em linhas gerais, como foram essas transformações no continente europeu?
   R.: _____
   _____
   _____
   _____
   _____

2. Em linhas gerais, como foram essas transformações no Brasil?
   R.: _____
   _____
   _____
   _____
   _____
   _____

• Que história é esta? Espaço

3. Um dos temas mais importantes da Arte Moderna é o crescimento das cidades no início do século XX. Os quadros *Caipira picando fumo*, do pintor naturalista Almeida Júnior (página 32) e *Operários*, da modernista Tarsila do Amaral (página 21), apesar de bastante diferentes, têm em comum o fato de seus personagens serem tipos populares. Compare as duas obras e indique as transformações provocadas pela urbanização que mais chamaram a atenção dos modernistas.

   R.: _____
   _____
   _____
   _____
   _____
   _____

• Que história é esta? Conteúdo

4. A partir da leitura do texto, você entrou em contato com as ideias de *modernização* e *modernismo*, que são centrais para compreender o livro.

   a) Qual o significado dessas duas palavras?
   R.: _____
   _____
   _____
   _____

   b) Por que elas são tão importantes para compreender o texto?
   R.: _____
   _____
   _____
   _____

5. As mudanças ocorridas no Brasil no início do século XX trouxeram uma série de conflitos sociais.

   a) Quais foram os principais conflitos?
   R.: _____
   _____
   _____
   _____

b) Por que eles ocorreram?

R.: _____

_____

_____

_____

6. Descreva como eram as condições de moradia da população pobre no início do século XX.

R.: _____

_____

_____

_____

_____

_____

7. Quais eram as características da forma de viver da elite cafeeira no final do século XIX e início do XX?

R.: _____

_____

_____

_____

_____

8. Quais as principais características da pintura acadêmica ou naturalista?

R.: _____

_____

_____

_____

9. Os primeiros artistas a questionarem a arte acadêmica foram os impressionistas. O que esse grupo defendia?

R.: _____

_____

_____

_____

10. Uma das características da arte moderna foi o surgimento de vários grupos artísticos que defendiam diferentes formas de arte.

a) Por que foi possível a existência de diferentes propostas para as artes?

R.: _____

_____

_____

_____

_____

• Que história é esta? Atividades

18. A Arte Moderna brasileira valorizou diversos costumes populares, principalmente suas formas de expressão.

    a) Faça uma visita ao *site* do programa *Nossa Língua Portuguesa* (http://www2.tvcultura.com.br/aloescola/linguaportuguesa). Lá existem diversas informações sobre o uso de palavras, expressões e formas gramaticais populares, principalmente na música atual. Depois, pesquise em revistas, livros, programas de televisão, entreviste algumas pessoas e monte um painel sobre as diferentes formas de nossa língua.

    b) Pesquise diferentes tipos de manifestações populares (comidas, bebidas, trajes, danças, músicas, esculturas, espetáculos de circo) e organize com sua sala uma grande festa.

19. Nos *websites* www.museus.art.br/brasil e www.museus.art.br/mundo, você encontra *links* para *sites* de diversos museus do Brasil e do mundo. Faça uma pesquisa comparando as reproduções de pinturas e esculturas de diferentes épocas e depois monte, com sua sala, uma exposição sobre as mudanças na forma de representar o mundo em várias épocas.

Nome: _____

Ano: _____ Número: _____

15. Em seu Prefácio ao livro *Macunaíma*, Mário de Andrade também participou dessa discussão sobre o ser brasileiro. Quais eram suas ideias principais?

    R.: _____

    _____

    _____

• Que história é esta? Documento de época

16. Leia o trecho abaixo, retirado de um poema de Mário de Andrade:

    > Você sabe o francês *singe*
    > Mas não sabe o que é guariba?
    > — Pois é macaco, seu mano,
    > Que só sabe o que é da estranja

    (Citado por Manuel Bandeira em *Apresentação da Poesia Brasileira*. Rio de Janeiro: Edições de Ouro, 1965.)

    Singe = macaco, em francês.
    Estranja = forma popular para estrangeiro.

    O texto apresenta algumas características do Modernismo estudadas neste livro. Você é capaz de identificá-las?

    R.: _____

    _____

    _____

    _____

• Que história é esta? Relação com o cotidiano

17. Toda cidade possui pinturas e esculturas expostas em museus ou em espaços públicos como praças e parques. Pesquise algumas dessas obras, procure identificar se seguem mais o estilo naturalista ou modernista, descubra quando foram feitas, apresente suas ideias e discuta suas conclusões com a sala.

    R.: _____

    _____

    _____

    _____

    _____

    _____

    _____

b) Quais os principais grupos artísticos surgidos na Europa?
R.: _____
_____

11. Quais foram as primeiras manifestações do Modernismo no Brasil?
R.: _____
_____
_____

12. Qual foi a reação do escritor Monteiro Lobato à exposição de Anita Malfatti?
R.: _____
_____
_____
_____

13. Qual a importância da Semana de 22 para o Modernismo brasileiro?
R.: _____
_____
_____
_____
_____

14. Uma das questões que chamava a atenção dos modernistas, e provocava algumas discussões entre eles, era a definição do ser brasileiro, baseada principalmente na maneira como era resgatada a figura do índio. Como era o índio para:

a) o movimento antropófago?
R.: _____
_____
_____
_____

b) a Escola da Anta?
R.: _____
_____
_____
_____

debates da época. Que modelos seguiam nossos escritores naquele momento?

No Sudeste do Brasil a situação econômica permitia aos intelectuais estarem em contato mais próximo com os centros europeus. No entanto, boa parte das elites do país, como as de Salvador, Recife e outras capitais, preocupava-se em acompanhar os caminhos da intelectualidade francesa. O próprio surgimento de um profundo nacionalismo entre nossos escritores e artistas deve-se a esse fato.

É curioso que o gosto pelas coisas nacionais, brasileiras, tenha sido motivado pelo consumo intenso de textos franceses pelos intelectuais brasileiros. Desde o século XIX os franceses buscavam ao máximo a sua identidade nacional e, para tanto, fizeram diversos estudos históricos, localizando na Europa medieval a formação do seu povo.

No Brasil, desde o final do século XIX alguns autores escreviam sobre o assunto. Onde estaria a origem do povo brasileiro?, perguntavam-se eles. Alguns acreditavam que o povo brasileiro havia sido formado principalmente pelo português. Outros achavam que estava no índio a origem do ser brasileiro.

Encontramos nomes como o do estudioso Sílvio Romero, no final do século XIX, decifrando o brasileiro como fruto da mestiçagem das raças que aqui se encontraram. Seu texto, no entanto, é marcado por um forte racismo em relação ao negro.

A língua nacional era um tema sempre em questão. Com os citados contatos junto à cultura europeia e a dependência tecnológica do país, importador de produtos industrializados da Inglaterra ou da Alemanha, utilizavam-se em demasia palavras estrangeiras em meio ao vocabulário português. Se o produto fosse "made in Germany", era considerado de boa qualidade. Para a iluminação da sala dispunha-se de um distinto "abat-jour" francês, ou, ainda, o "closet", de origem inglesa, ao qual já nos referimos.

Vários escritores da época comentaram esse assunto. Veja um exemplo: "Assim, vemos brasileiros que conhecem melhor as façanhas bélicas de Napoleão do que os fatos da nossa história; brasileiros que, incapazes de escrever com correção sua língua, timbram vaidosamente em arranhar francês, rascando enfaticamente os *rr* porque... é *chic*; [...] que escrevem para o nosso teatro peças em francês; que acodem pressurosos, com avultados donativos para as Cruzes Vermelhas estrangeiras, deixando para socorrer minguadamente os nossos irmãos cearenses, acossados pela fome e pela sede, somente depois de terem generosamente satisfeito as simpatias de fora". (Luiz Araujo Corrêa de Brito, *Revista do Brasil*, v. 14, 1920, p. 145.)

Um exemplo divertido do debate linguístico pode ser lido na obra de Afonso Henriques de Lima Barreto. Nascido em 1881, Lima Barreto escreveu em vários jornais; em 1914, foi internado por ser considerado louco, alcançando a liberdade pouco tempo depois. Foi um crítico ácido dos problemas urbanos. Em um de seus livros, o nacionalismo aparece encarnado no personagem Policarpo.

Escrito em 1915, Triste fim de Policarpo Quaresma é um livro sobre a identidade do brasileiro. Policarpo era morador do Rio de Janeiro, grandiloquente, estudioso contumaz e dotado de um nacionalismo exacerbado. Estudava a fundo a cultura brasileira, os hábitos desta terra, debatendo fervorosamente

Tarsila do Amaral, *Retrato de Oswald*, 1922.

sobre tais assuntos. Certa vez, pediu aos homens públicos que votassem o tupi como língua pátria, demonstrando a partir dali qual o povo original do brasileiro.

Oswald de Andrade, nascido em 1890, filho de rica família, um dos maiores representantes dos modernistas no Brasil, também entrou nesse debate. Parafraseando Shakespeare, escreveu em seu "Manifesto Antropófago", em maio de 1928: *Tupy or not tupy that is the question*. Tupi ou não tupi, eis a questão. Escrito em inglês, é claro.

Além do nacionalismo, em muitas localidades brasileiras, os intelectuais começaram a proferir discursos em favor das culturas locais e regionais. A essa manifestação dá-se o nome de Regionalismo. Com grande força em Pernambuco, esse movimento teve como maior representante o sociólogo Gilberto Freyre, nascido em 1900.

A síntese do nacionalismo e do regionalismo encontrou campo fértil no pensamento do genial Mário de Andrade. Jovem modernista paulistano, nascido em 1893, dedicou-se prontamente à pesquisa do "ser" brasileiro. Estudou artes, viajou pelo Brasil, debateu... debateu muito com seus contemporâneos. Em 1926, escreveu *Macunaíma*. O personagem central, homônimo da obra, ganhou posição de destaque nas discussões sobre a brasilidade, causando grande polêmica entre a elite e os intelectuais.

Anita Malfatti, *Retrato de Mário de Andrade*, carvão e pastel, 1922, col. IEB-USP.

Macunaíma, o herói sem nenhum caráter
"Prefácio inédito" de Mário de Andrade, 1926

[...] *O que me interessou por Macunaíma foi incontestavelmente a preocupação em que vivo de trabalhar e descobrir o mais que possa a entidade nacional dos brasileiros. Ora depois de pelejar muito verifiquei uma coisa que parece certa: o brasileiro não tem caráter. Pode ser que alguém já tenha falado isso antes de mim porém a minha conclusão é (uma) novidade pra mim porque tirada da minha experiência pessoal. E com a palavra caráter não determino apenas uma realidade moral; em vez entendo a entidade psíquica permanente, se manifestando por tudo, nos costumes, na ação exterior no sentimento na língua na História na andadura, tanto no bem como no mal.*

O brasileiro não tem caráter porque não possui nem civilização própria nem consciência tradicional. Os franceses têm caráter e assim os jorubas e os mexicanos. Seja porque civilização própria, perigo eminente, ou consciência de séculos tenha auxiliado o certo é que esses uns têm caráter. Brasileiro (não). Está que nem o rapaz de vinte anos: a gente mais ou menos pode perceber tendências gerais, mas, ainda não é tempo de afirmar coisa nenhuma. Dessa falta de caráter psicológico creio otimistamente, deriva a nossa falta de caráter moral. Daí nossa gatunagem sem esperteza (a honradez elástica a elasticidade da nossa honradez) o desapreço à cultura verdadeira, o improviso, a falta de senso étnico nas famílias. [...]

(In Marta Batista et al. *Brasil: 1º tempo modernista – 1917/29. Documentação*, São Paulo, IEB/USP, 1972, p. 289.)

Imagens do caipira

De todos os estados brasileiros, São Paulo foi o palco privilegiado desses debates, pois, nessa região, as contradições entre o progresso e a permanência de tradições tornaram-se mais intensas. E também a imagem do caipira surgiu como um dos representantes do ser brasileiro, particularmente do povo paulista.

Foi importante para a divulgação da figura do caipira o pintor José Ferraz de Almeida Júnior. Almeida Júnior nasceu em Itu, em 1850. Estudou artes na Academia Imperial do Rio de Janeiro. Participou do seleto grupo de artistas brasileiros que receberam bolsas para estudar no exterior, fato que possibilitou seu aprimoramento na Europa, em Paris, vindo a ser um dos maiores representantes da pintura naturalista no Brasil.

A pintura naturalista buscava retratar as paisagens, os objetos e as pessoas da forma mais natural possível, daí o seu nome. Tal manifestação artística pode também ser chamada de acadêmica, por vincular-se a estudos realizados nas academias de arte ao longo do século XIX. Ali, realizavam-se estudos sobre os objetos, a natureza e o corpo humano, todos retratados com traços meticulosos.

É importante notar que, embora a pintura seja uma interpretação pessoal do artista, sua motivação passava principalmente por regras rígidas que inibiam as grandes variações. O resultado era uma produção rica em detalhes, com ilusões de ótica precisas e totalmente de acordo com os modelos da época, tal como vimos na figura da página 6 (embaixo).

Além disso, sendo a elite a maior consumidora dessas obras, o artista era obrigado a retratar a aristocracia e a burguesia com traços nobres. Os artistas de destaque também produziam obras

A história do Brasil foi escrita de várias formas a partir do século XIX. Recebeu também imagens para ilustrar os fatos a serem reverenciados. Vitor Meirelles, *Primeira missa no Brasil*, 1860, col. Museu Nacional de Belas Artes.

A pintura abaixo (à esq.), criada por Almeida Júnior, é significativa da situação artística da virada do século. Basicamente continuava-se pintando como os mestres acadêmicos, mas eram outros os temas tratados. Conta-se que o ituano "Quatro Paus" foi modelo para esta pintura. *Caipira picando fumo*, óleo sobre tela, col. Pinacoteca do Estado de São Paulo.

para o Governo. Esse modo naturalista de pintar adequava-se perfeitamente ao que desejava o Governo, permitindo a recriação pictórica de fatos e de governantes revestidos de brilho e monumentalidade.

O caso de Almeida Júnior, retratando a vida modesta no campo, apresentava-se como uma renovação nas artes plásticas da época. O personagem central da tela *Caipira picando fumo* é uma pessoa comum, do povo, sem o requinte ostentado pela elite. Ali sentado, corta pacientemente seu fumo de corda. Seus pés descalços mostram a rudeza da vida na roça. Ao fundo, a casa de pau a pique revela um viver humilde, característico da maioria da população paulista do período, até então desconsiderado no mundo das artes.

Almeida Júnior inscrevia-se num grupo de artistas que passou a retratar cenas cotidianas, o povo em sua vida mais modesta. No entanto, o pintor de Itu, além de retratar um homem do povo, conseguiu, de modo inovador para as regras acadêmicas, traduzir em tintas a luminosidade de sua terra natal, o interior paulista.

O maior responsável pela criação da imagem do caipira foi, sem dúvida, José Bento Monteiro Lobato, nascido em Taubaté, no ano de 1882. Seu arraigado nacionalismo conjugou o trabalho de escritor e editor com a necessidade de formar no povo brasileiro uma consciência sobre sua origem: uma consciência nacional.

O universo cultural caipira aparece em vários de seus textos. *O Sítio do Pica-pau Amarelo*, uma série de contos infantis, talvez seja o de maior longevidade. É exemplar no sítio o imaginário da vida no campo, com suas lendas tradicionais: a Cuca, o Saci-pererê, o Curupira, entre tantos outros seres fantásticos profundamente presentes na mentalidade daquele momento.

A primeira imagem criada por Lobato está escrita nos contos de *Urupês*, de 1918. Foi a interpretação de uma figura triste. O caipira Jeca Tatu aparecia como o responsável pelo atraso do país por sua preguiça e indolência.

O escritor chegou a desenhar o Jeca para uma propaganda de tônico. É, talvez, sua representação mais característica. Um homem relativamente jovem, de feição debilitada, com chapéu de palha, trajando calças velhas e arregaçadas, pés descalços. Uma grande barriga, pressupondo a existência de vermes, somada a seu aspecto cansado, denota um ser pobre em saúde, carente de recursos.

Por essa interpretação do caipira, Monteiro Lobato é até hoje questionado. Porém, anos depois mudou sua ideia e reescreveu a figura do Jeca. O caipira passou de responsável pelo atraso nacional para a posição de vítima de uma estrutura econômica perversa. Um brasileiro legítimo que carece de apoio do Governo para sobreviver.

Música caipira na cidade

Afora essa associação negativa com o Jeca, o trabalho de pessoas como Monteiro Lobato e Almeida Júnior resultou num maior conhecimento da realidade no campo por aqueles que habitavam as cidades. Não apenas outros estudiosos compartilhavam dessa valorização da vida no campo: isso ocorria com grande parte da população, motivada também por novos meios de comunicação: o rádio e a indústria de discos.

Cabem aqui algumas perguntas: como as pessoas ouviam música naquela época? Quando se reuniam para tocar e cantar? De que música gostavam?

A música brasileira, tradicionalmente, era tocada em festas profanas ou religiosas, em residências ricas e pobres, em igrejas e praças públicas. Nas cidades médias e grandes do início do século XX, havia clubes noturnos onde artistas diversos expunham seus talentos. Tocava-se desde boleros, de origem espanhola, até choros, estilo musical carioca do final do século XIX, com flauta, violão e cavaquinho.

J. U. Campos, *Monteiro Lobato*, óleo sobre tela, col. J. U. Campos, São Paulo.

Na Internet:
www.lobato.com.br

Nos quadros abaixo, pintados a óleo por J. U. Campos - exceto o de Dom Quixote (primeiro quadrinho) -, vemos criações de Monteiro Lobato. Da esquerda para a direita: no primeiro, o Visconde de Sabugosa; no segundo, Pedrinho, Narizinho, Emília e o Visconde montados no rinoceronte Quindim; no último, o Marquês de Rabicó conversa com o Visconde.

O aparecimento do rádio no Brasil, na década de 1920, promoveu a maior revolução cultural da primeira metade do século. Com ele, os hábitos cotidianos se alteraram. As famílias ricas que se reuniam em saraus tinham ao seu dispor esse aparelho que, além de transmitir notícias, tocava músicas.

Com o tempo, também as famílias mais humildes conseguiram seus aparelhos, e o hábito de sentarem-se para ouvi-los após o jantar foi se tornando cada vez mais comum. Com o rádio difundiu-se a música que, mais tarde, faria parte das primeiras gravações da nascente indústria fonográfica (de discos).

Outra novidade, para a virada do século, foi o reconhecimento dado à música popular rural. Chiquinha Gonzaga foi a pioneira em utilizar-se da música rural em composições destinadas ao público das cidades. Compôs, em 1897, um tango de nome "Gaúcho". Devido ao seu subtítulo — "a dança do corta-jaca" —, passou a ser conhecida genericamente como o "Cortajaca". Essa composição incorporava à música o ritmo de sapateado característico da dança folclórica de mesmo nome.

Outras composições começaram a emprestar elementos populares rurais, sobretudo do Nordeste, na mesma medida em que crescia o interesse dos moradores das cidades. Mais uma música de destaque foi "Luar do sertão", composição de Catulo da Paixão Cearense, de 1915, executada por João Pernambucano. Dizia a letra:

> *Não há*
> *Oh! Gente,*
> *Oh! Não,*
> *Luar*
> *Como este*
> *Do sertão...*

Monteiro Lobato assim escreveu a respeito do intérprete: "[...] A outra consoladora manifestação de arte nossa proporcionou-nos João Pernambucano. É um belo tipo de homem. Nele se estampam em grau acentuado todas as características do brasileiro puro, criado ao ar livre, no contato direto com a natureza bravia. Dentro do seu peito bate um coração. Su'alma é a própria alma da terra. Paris não contaminou um glóbulo sequer daquele sangue oxigenado pelo ar das florestas.

Cantou o "Luar do sertão" com tanto sentimento que inúmeros olhos se umedeceram da mais pura emoção estética. Que soberbos versos são aqueles! Quanta poesia ali, da verdadeira, da autêntica, da que brota espontânea no coração! Rudes, sem atenção para com a forma, cada imagem da canção é um escancarar-se-nos as portas do sonho. Quando o luar se abre no sertão e prateia a verde mata". ("Arte brasileira", in M. Lobato, *Ideias de Jeca Tatu*, São Paulo, Brasiliense, p. 193.)

Na zona rural do Sudeste, até então, as modas de viola embalavam as comitivas e as cantorias nas taperas do campo. Acompanhando as transformações da cultura brasileira, também a música caipira passou a ser tocada nas cidades.

Vejamos o exemplo de Angelino de Oliveira, nascido no final do século XIX, na cidade de Itaporanga, interior de São Paulo. Passou a infância e a juventude em Botucatu, onde entoou suas mais famosas composições.

Nessa cidade, ele e outros companheiros encontravam-se no Clube 24 de Maio para se divertir e tocar algumas melodias. Em 1918, em mais um de seus encon-

O violeiro, de Almeida Júnior, é mais um retrato da vida rural, cabocla, da virada para o século XX. A música embalava as festas, as conversas ao pé do fogo e as poucas horas de ócio. Óleo sobre tela, 1899, col. Pinacoteca do Estado de São Paulo.

tros, os rapazes tiveram a oportunidade de ouvir a última composição de Angelino, "Tristezas do Jeca". A recepção foi tão favorável que essa música se tornou um dos "hinos" da cultura caipira.

Angelino foi um dos muitos violeiros e violonistas que compuseram nesse período. Suas modas, tiradas muitas vezes no improviso, versavam sobre a vida no campo, o ser caipira, suas alegrias e tristezas. A linguagem era trivial, cotidiana e típica do dia a dia na roça. Umas falam de animais, como a "Mula preta", a "Besta Ruana" ou o "Boi Amarelinho". Outras, de amores impossíveis e sofrimentos por desventuras sentimentais, como "O João-de-Barro", "Cabocla Tereza" e "Coração apaixonado". Havia ainda as que tratavam de política: a "Moda da Revolução", "Situação encrencada" e "A morte de João Pessoa".

@
Angelino:
http://dicionariompb.com.br/angelino-de-oliveira/dados-artisticos

Tristezas do Jeca

*Nestes versos tão singelo
minha bela, meu amô.
Pra mecê quero contá
o meu sofrê a minha dô
eu sou como o sabiá
que enquanto canta é só tristeza
desde o gaio onde ele está.*

*Nesta viola
eu canto e gemo de verdade
cada toada representa uma saudade.*

*Eu nasci naquela serra
num ranchinho à beira-chão
todo cheio de buraco
onde a lua faz clarão
e quando chega a madrugada
lá na mata a passarada principia
o baruião.*

*Lá no mato tudo é triste
desde o jeito de falá
quando riscam na viola
dá vontade de chorá
num tem um que cante alegre
todos vivem padecendo
cantando pra se aliviá.*

*Vô pará co'a minha viola
já num posso mais cantá
pois o jeca quando canta
tem vontade de chorá
e o choro que vai saindo
devagá vai se sumindo
como as água vai pro má.*

Tais músicas são do tempo em que "Chitãozinho e Xororó" (nomes que homenageiam dois pássaros) era uma toada sentimental sobre a vida no campo. Composta por Serrinha e Athos Campos, sua letra mostra bem a situação da cultura brasileira daquele momento, localizada a meio caminho entre a cidade e o campo:

> *Eu não troco o meu ranchinho*
> *amarradinho de cipó*
> *por uma casa na cidade*
> *nem que seja bangaló.*
> *Eu moro lá no deserto*
> *sem vizinho eu vivo só*
> *só me alegro quando pia*
> *lá praqueles cafundó*
> *é o inhambu chitã e o xororó.*

Todas essas músicas revelavam uma imagem do ser caipira, do homem rural em contato direto com a natureza e envolvido a seu modo na política do país. Uma condição que permearia a realidade brasileira nas décadas seguintes, mesmo com a modernização econômica e o modernismo nas artes.

Como se vê, as pessoas dessa época, mesmo moradores das cidades, ainda viviam um cotidiano muito próximo ao meio rural, das coisas do campo. Somente depois, com o desenvolvimento tecnológico e o crescimento das cidades, ocorreria o distanciamento dos habitantes das cidades da vida no campo e, consequentemente, da natureza.

O rádio e as gravadoras só se tornariam fenômenos sociais importantes depois da década de 1930. Convém asseverar que no instante em que alguns filhos da elite brasileira tramavam uma revolução para o mundo das artes, contrários, como veremos, às importações e aos acadêmicos, nas cidades brasileiras manifestava-se uma cultura popular forte, adaptada a cada região do país.

4. O modernismo nas artes

Revoluções da Arte Moderna

Em fins do século XIX, artistas europeus romperam com os cânones oficiais do mundo das artes. Um grande grupo, denominado impressionista, questionou os propósitos da arte. Para que um artista pinta um quadro ou esculpe uma estátua? Responderiam os mais conservadores: para retratar o mais perfeitamente possível a natureza. Mais ainda, para enaltecer as coisas belas, a riqueza e o Governo.

Belo, então, era tudo aquilo que dizia respeito à imitação da natureza,

Exaltar o Estado ou a burguesia, esse foi um dos objetivos das produções artísticas do século XIX. Contra isso moveram-se os modernistas.

Retrato equestre de Bonaparte no Monte Saint-Bernard, 1801, quadro a óleo do francês Jacques-Louis David.

ou à exaltação do viver das classes mais abastadas. Esses preceitos guiaram muitos artistas na execução de suas obras, tanto na Europa quanto no Brasil.

Contra isso os impressionistas questionaram: se a modernidade trouxe aparelhos fotográficos que retratam o real de modo muito fiel, por que haveriam os artistas de fazer o mesmo? A arte é algo além da cópia exaustiva da natureza, existe uma outra realidade que o artista pode mostrar, a das suas impressões pessoais sobre o mundo. Entre os mais destacados pintores desse movimento, podemos citar Edouard Manet, Claude Monet, Camille Pissarro, Edgar Degas e George Seurat.

Estava dado o primeiro passo para a maior revolução das artes plásticas. Quando o artista afirmou que não era um mero copiador, mas alguém que interpretava o mundo à sua maneira, caíram por terra todas as convenções tradicionais que impunham aos artistas a repetição de modelos preestabelecidos que se alteravam com muita lentidão e independentemente de sua vontade.

Essa nova postura deu início a uma série de movimentos contrários às regras convencionais da arte. Como agora cada artista podia expressar através de suas obras seus anseios pessoais, cada interpretação podia originar um novo movimento. Não havia mais uma unidade nas regras artísticas; muito pelo contrário, cada novo movimento propunha novas questões. Esses grupos que contestavam a tradição artística foram denominados de vanguardas, termo emprestado dos militares que significava o avanço bélico de pequenos agrupamentos, em revoluções permanentes.

As vanguardas são, assim, movimentos artísticos que contrariam a ordem estabelecida, ou seja, que estão à frente das novas manifestações. Dentre as mais famosas do início do século XX estão o Expressionismo, o Fauvismo, o Dadaísmo, o Cubismo e o Surrealismo.

Na Internet:
http://galeriadearte.vilabol.uol.com.br/HistoriadaArte/Indice/HistoriadaArte.htm

Vanguardas do início do século XX

Na página anterior, Edgar Degas, *Final de um arabesco*, col. Museu d'Orsay. Degas é um dos artistas situados a meio caminho entre as práticas pictóricas "acadêmicas" e o impressionismo. Sem abandonar de todo obras de temas históricos, aproveitou o contato com os impressionistas para produzir uma série que representava cavalos, bailarinas, entre outros temas. Ao lado, Henri Matisse (Fauvismo), *La desserte*, 1908. Abaixo, à esquerda, Edvard Munch (Expressionismo), *O grito*, 1889; à direita, Marcel Duchamp (Dadaísmo), *A fonte*, exposta em 1916.

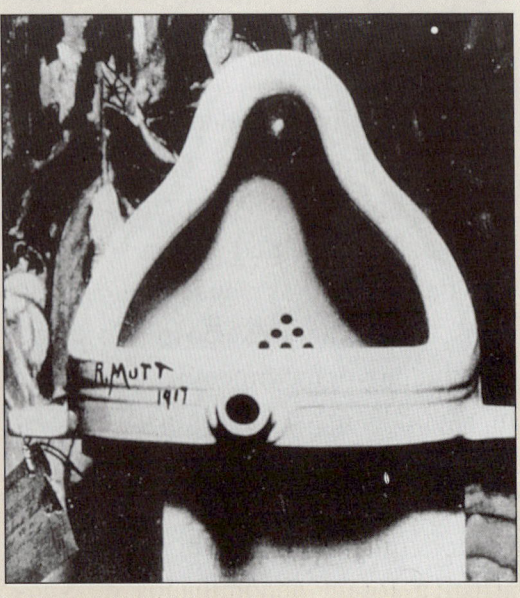

Kasimir Malevich (Suprematismo), *Três garotas*, óleo sobre tela.

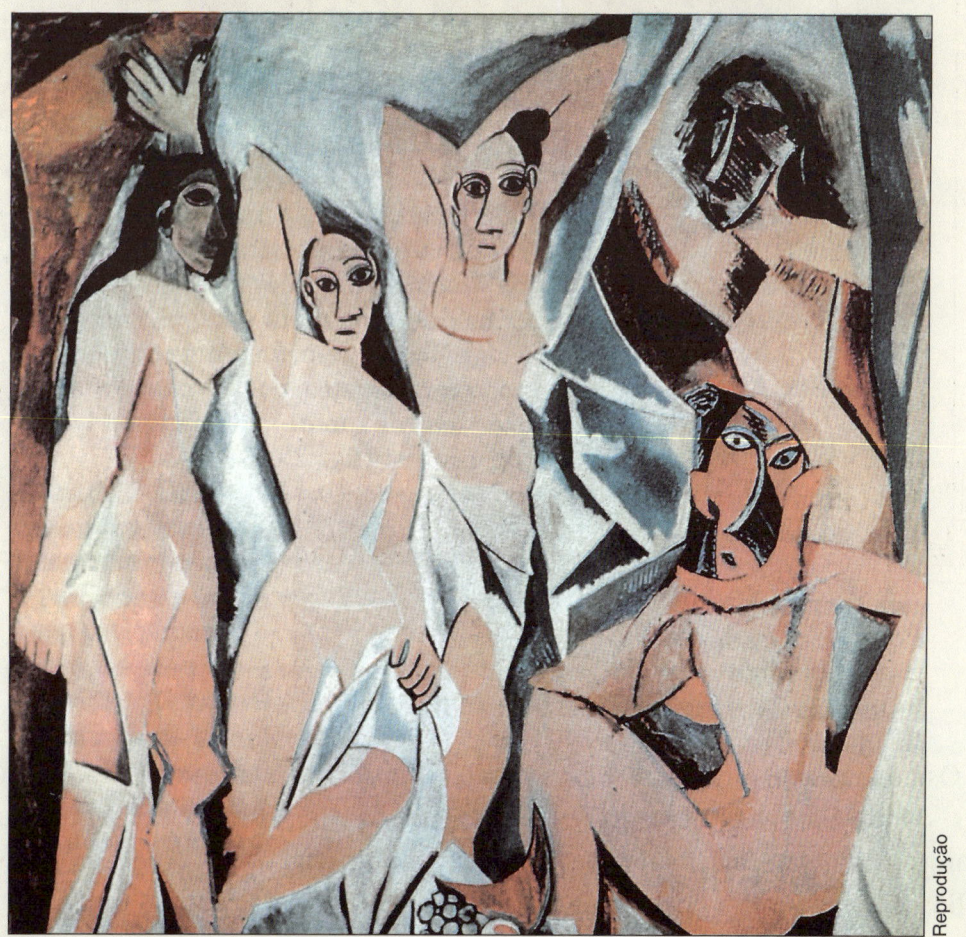

Pablo Picasso (Cubismo), *Demoiselles d'Avignon*, 1907.

Wassily Kandinsky (Arte abstrata alemã), *Aquarela abstrata*, 1910.

Os artistas que partiam de vários países do mundo para aprender arte na Europa passaram a encontrar duas possibilidades de vivências. Uma era o tradicional mundo oficial das artes, das academias; outra dizia respeito às vanguardas. Assim, os intelectuais, ao viajarem pela França, maior centro de renovação, podiam se vincular a um ou a outro movimento.

Salvador Dalí (Surrealismo), *Aparelho e mão*, 1927.

Um fato importante que influenciou as artes foi a Primeira Guerra Mundial, que abalou os países europeus entre 1914 e 1918. Para muitos intelectuais restou a alternativa de fugir de seus países e refugiar-se no continente americano, onde não ocorriam os conflitos. Tanto os Estados Unidos como outros países americanos (Cuba, México etc.) receberam artistas europeus e, com eles, os ideais renovadores das vanguardas.

41

Vemos nesta imagem Paris, sob o olhar impressionista de Camille Pissarro. *O boulevard Montmartre à noite*, óleo sobre tela, 1897, col. National Gallery, Londres.

Na Internet:
Diego Rivera
www.diegorivera.com

Por esses dois caminhos, o das viagens aos países europeus e o da migração dos artistas, os países que estavam à margem das novidades artísticas passaram a ser influenciados por ideais vanguardistas.

No México, por exemplo, a proximidade com os Estados Unidos permitiu um contato mais próximo com os artistas imigrantes, resultando também naquele país uma transformação profunda nos modos de se fazer arte. No entanto, a convivência com as vanguardas não transformou os artistas dos países pobres em copistas de novidades. Cada um, a seu modo, reuniu os ideais renovadores com a problemática própria de seus países.

Artistas como Diego Rivera, David Alfaros Siqueiros e José Clemente Orozco aplicaram de maneiras diversas seus conhecimentos à arte moderna, baseando-se na história da colonização espanhola na América e nos mitos ameríndios. A esse movimento deu-se o nome de "muralismo mexicano", um exemplo bastante característico de reinterpretação local das vanguardas artísticas.

Quem era vanguarda no Brasil?

Toda transformação cultural é lenta e conflituosa. Isso porque diz respeito aos hábitos e tradições há muito estabelecidos e praticados por toda a sociedade.

Como não poderia deixar de ser, houve muito debate diante dos novos temas que se apresentavam.

É bom lembrar que, embora artistas como Almeida Júnior significassem novos ares para as artes no Brasil, com a representação de cenas cotidianas e personagens humildes, eles não revolucionavam o modo de fazer arte. Eles pintavam e esculpiam como seus mestres. As vanguardas, por outro lado, propunham mudanças também no modo de produzir as obras, buscando novas técnicas, cores, colagens, formas estranhas etc.

Seguindo aqueles dois caminhos, aos quais nos referimos no item anterior, vemos que no Brasil foram sobretudo os filhos das elites cafeeiras os principais responsáveis pela introdução dos ideais vanguardistas na cultura nacional. Seja porque conviviam com os representantes das vanguardas em suas longas estadas na Europa, seja porque recebiam os artistas fugidos da guerra, que aportavam por aqui com ideias renovadoras.

Os intelectuais conservadores brasileiros, apegados às regras tradicionais, passaram a denominar todos aqueles que

O muralismo mexicano recriou as culturas ameríndias em suas composições modernistas. Diego Rivera, *Mural para a Escola Nacional Preparatória do México*, 1922.

apresentavam propostas afinadas com as vanguardas de "futuristas". A bem da verdade, o futurismo era mais um dos vários movimentos que observamos atuantes nas primeiras décadas do século XX, criado na Itália por Filippo Tomaso Marinetti. Assim, os críticos não apenas deixavam de distinguir as propostas de cada movimento, como também se utilizavam desse termo de maneira pejorativa, almejando um insulto.

Para os renovadores, o insulto tornou-se bandeira de luta. Aceitaram a designação de futuristas, de modo independente do futurismo europeu, e continuaram a pelejar na imprensa com os representantes dos conservadores.

Vejamos a seguir dois exemplos fundamentais. Ambos representam aquilo que podemos chamar de vanguarda no Brasil na década de 1910.

O primeiro a expor obras que rompiam com os cânones dos naturalistas foi o pintor Lasar Segall, lituano, nascido em Vilna, no ano de 1891. Em suas andanças pela Europa absorveu conhecimentos sobre o Expressionismo e outras manifestações de contestação. Na sua primeira visita ao Brasil, em 1913, realizou duas mostras, uma em Campinas e outra em São Paulo.

O episódio não causou grande choque. Era uma atitude isolada, de um estrangeiro, que não preocupou os críticos defensores da arte acadêmica. Segall voltou à Europa, onde permaneceu até 1923, ano em que retornou definitivamente para São Paulo.

O lituano, naturalizado brasileiro, Lasar Segall, traz para o Brasil referências das vanguardas artísticas europeias. *Duas amigas*, 1913, óleo sobre tela, col. particular.

Outro evento desse momento foi a exposição de pinturas da artista Anita Catarina Malfatti, realizada em 1917. Anita nasceu em São Paulo, em 1896. Aos 16 anos foi estudar na Academia de Belas Artes de Berlim, na Alemanha. O contato com obras e artistas de vanguarda marcou profundamente sua carreira. Em 1914, teve oportunidade de expor no Brasil, sem alardes. Depois, esteve nos Estados Unidos, onde estudou com o filósofo Homer Boss e conheceu artistas como Juan Gris, Marcel Duchamp, Gorki e Isadora Duncan.

De volta ao Brasil, em 1916, Anita preparou nova exposição, realizada no final do ano seguinte na rua Líbero Badaró, 111, em São Paulo. Desta vez foi diferente. Se na sua primeira exposição foram poucas as manifestações, as principais inclusive elogiando seu trabalho, nesta última, a crítica foi negativa e feroz, resultando num dos mais famosos episódios do modernismo brasileiro.

O autor da crítica foi ninguém menos que Monteiro Lobato, ele também um pintor, porém, de traços acadêmicos. Suas palavras foram duras. Nesse momento diversos intelectuais emitiram suas ideias e criou-se um debate nunca visto. Sua pintura, com cores pastel e formas que expressavam sentimentos, chocou os artistas e o público, acostumados com retratos naturalistas.

Anita, abalada com as palavras de seu crítico, tem sua produção balançada, voltando, em grande medida, a pintar como os acadêmicos. Seria esta situação uma demonstração da força dos conservadores?

Dos brasileiros, Anita Malfatti foi a primeira a expor obras modernas. *Autorretrato,* **pastel sobre papel, col. IEB-USP.**

O rompimento com as regras de distribuição dos elementos no quadro, as formas distorcidas e as cores fantásticas foram alguns dos motivos que levaram a crítica a atacar violentamente Anita Malfatti. *O homem amarelo,* **1916, óleo sobre tela, col. Ernesto Wolf, São Paulo.**

45

Observe, na página seguinte, em *A portadora de perfume* (col. Pinacoteca do Estado de São Paulo), que a preocupação em imitar as formas humanas já não tinha mais sentido. Victor Brecheret realizou esta peça utilizando-se de formas geométricas, cilindros, para compor a figura. Esta obra foi exposta no Salão de Outono em Paris, em 1924.

Paranoia ou mistificação?

[...] Embora se deem como novos, como precursores duma arte a vir, nada mais velho do que a arte anormal ou teratológica: nasceu como a paranoia e a mistificação.

De há muito que estudam os psiquiatras em seus tratados, documentando-se nos inúmeros desenhos que ornam as paredes internas dos manicômios. A única diferença reside em que nos manicômios essa arte é sincera, produto lógico dos cérebros transtornados pelas mais estranhas psicoses; e fora deles, nas exposições públicas zabumbadas pela imprensa partidária mas não absorvidas pelo público que compra, não há sinceridade nenhuma, nem nenhuma lógica, sendo tudo mistificação pura.

Todas as artes são regidas por princípios imutáveis, leis fundamentais que não dependem da latitude nem do clima.

[...]

Estas considerações são provocadas pela exposição da sra. Malfatti, onde se notam acentuadíssimas tendências para uma atitude estética forçada no sentido das extravagâncias de Picasso & Cia.

[...]

No fundo, riem-se uns dos outros — o artista do crítico, o crítico do pintor. É mister que o público se ria de ambos.

"Arte moderna": eis o escudo, a suprema justificação de qualquer borracheira.

[...]

A pintura da sra. Malfatti não é futurista, de modo que estas palavras não se lhe endereçam em linha reta; mas como agregou à sua exposição uma cubice, queremos crer que tende para isso como para um ideal supremo.

[...]

Não fosse a profunda simpatia que nos inspira o belo talento da sra. Malfatti, e não viríamos aqui com esta série de considerações desagradáveis. Como já deve ter ouvido numerosos elogios à sua nova atitude estética, há de irritá-la como descortez impertinência a voz sincera que vem quebrar a harmonia do coro de lisonjas. [...]"

("Paranoia ou mistificação?", trechos extraídos de M. Lobato, *Ideias de Jeca Tatu*, São Paulo, Brasiliense, p. 64.)

Em certo sentido, sim. Uma pintora com uma trajetória de vanguarda, acometida por enorme insegurança, voltou a retratar como os antigos. Ponto para os conservadores.

Porém, trata-se de um caso individual. É difícil saber os reais motivos que fizeram com que Anita abandonasse o caminho da novidade para se apegar ao convencional. Para o conjunto da história da arte no Brasil, esse recuo nada significa, posto que o movimento de confronto continuava a ganhar adeptos e o principal evento dos primórdios do modernismo ainda estava por vir.

O tratamento de choque

O grupo de jovens modernistas continuava a crescer. A cada ano, novos artistas e escritores reuniam-se para conversar sobre filosofia, arte, teatro etc., numa perspectiva revolucionária e combativa.

Note-se o exemplo de Victor Brecheret, paulista nascido no ano de 1894. Estudante de escultura na Europa, ao voltar ao Brasil, em 1919, iniciou uma série de exposições. Foi incorporado aos debates sobre arte moderna como representante do novo movimento. É curioso verificar que Brecheret foi enaltecido por vários críticos, até mesmo por, pasme o leitor, Monteiro Lobato. Sua escultura "Eva" motivou o Governo paulista a conceder-lhe pensão de estudos na Europa, para onde voltou em 1921.

Esse fato revela-nos a situação transitória vivida naqueles anos. Se, por um lado, os defensores do academismo combatiam os expositores, por outro, artistas reconhecidamente modernos conquistavam adeptos para a nova causa no mundo das artes.

Os renovadores planejaram, então, um tratamento de choque, endereçado tanto aos intelectuais conservadores quanto a grupos da elite paulista, que, segundo eles, barravam o desenvolvimento da arte e da sociedade brasileiras. Era o começo do plano para a realização da Semana de Arte Moderna, conhecida também como Semana de 22, devido ao ano em que se realizou.

Os estudiosos do tema concordam que a ideia foi lançada por Emiliano Di Cavalcanti, motivado por um casal da elite paulistana, Marjorie e Paulo Prado. Di Cavalcanti nasceu no Rio de Janeiro, em 1897, realizou caricaturas e pinturas em São Paulo e no Rio, esteve em Paris e trazia consigo ideais das vanguardas.

Armaram, assim, um evento a realizar-se entre os dias 11 e 18 de fevereiro de 1922, no Teatro Municipal de São Paulo. Para a palestra de abertura foi convidado o escritor Graça Aranha, interessado nos novos rumos da arte, porém reconhecido entre os acadêmicos. Nos dias 13, 15 e 17 aconteceram as conferências, leituras de poemas e trechos de obras literárias, além de execuções musicais. Durante toda a semana, no saguão ficaram expostas as obras de artes plásticas.

A intenção do evento era provocar escândalo, chocar a comunidade consumidora de arte. E provocou. Imagine a cena: em pé, sobre o palco do Teatro Municipal de São Paulo, está o escritor Mário de Andrade (falecido em 1945, atualmente um dos mais respeitados representantes de nossa literatura). Na plateia, os presentes despejavam vaias e mais vaias… Houve até quem levasse tomates para arremessar nos "futuristas".

É importante deixar claro aquilo que mais fervorosamente defendiam os participantes da Semana. Embora tendo suas experiências fundamentadas nas vanguardas europeias, esses intelectuais pregavam a autonomia da arte

@
Victor Brecheret:
www.victor.
brecheret.nom.br

A ideia de um "povo brasileiro" encantou muitos dos modernistas. Di Cavalcanti, *Mangue*, 1929, col. Galeria Relevo, Rio de Janeiro.

brasileira, que ela se desvinculasse dos padrões europeus arcaicos. Lembremos o item anterior quando mencionamos as vanguardas na América Latina, todas dotadas de um extremo nacionalismo, as propostas das vanguardas europeias adaptadas a cada país e remodeladas segundo sua própria cultura.

Foi exatamente isso o que aconteceu no Brasil, particularmente em São Paulo: os jovens intelectuais propuseram um retorno às origens da cultura brasileira, para então traduzirem-na nas formas mais modernas possíveis.

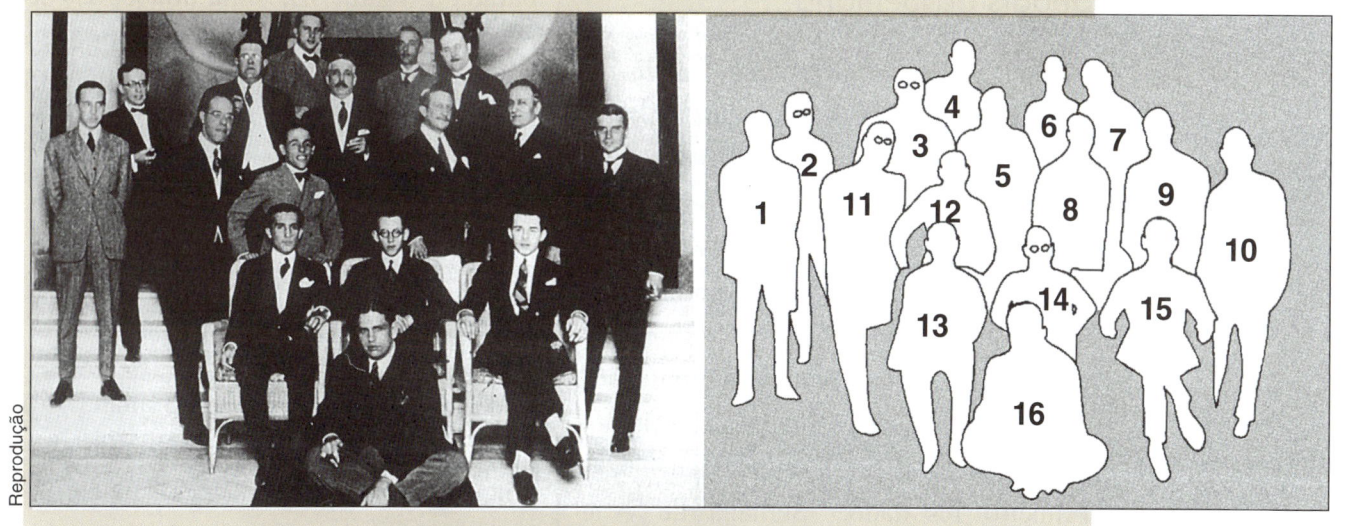

Os integrantes da Semana

Patrocinadores e colaboradores: Paulo Prado (5), Alfredo Pujol, René Thilloier (1), Godofredo da Silva Teles (10), José Carlos Macedo Soares, Afonso Schmidt (3), Manoel Vilaboin (9), Couto de Barros (8), Cândido Mota Filho (12), Rubens Borba de Moraes (13), Luís Aranha (14), Tácito de Almeida (15), entre outros.

Músicos: Villa-Lobos, Guiomar Novaes, Ernâni Braga e Frutuoso Viana.

Escritores: Graça Aranha – proferiu palestra de abertura (7), Oswald de Andrade (16), Mário de Andrade (11), Manuel Bandeira (2), Ronald de Carvalho, Álvaro Moreyra, Menotti del Picchia, Renato de Almeida, Guilherme de Almeida, Ribeiro Couto, Sérgio Milliet e Plínio Salgado.

Escultores: Victor Brecheret (apenas expondo obras, pois estava na Europa) e Wilhelm Haarberg.

Pintores: Di Cavalcanti, Anita Malfatti, John Graz, Inácio da Costa Ferreira (Ferrignac), Zina Aita, Vicente do Rego Monteiro, Martins Ribeiro, João Fernando de Almeida Prado (Yan).

Arquitetos: Georg Przyrembel e Antônio Moya.

Depois da Semana...

Uma pergunta importante a fazer: que repercussão teve a Semana de Arte Moderna?

Mário de Andrade, em maio de 1922, escreveu na apresentação de *Klaxon*, primeira revista do novo movimento, o significado que ele notava:

"A luta começou de verdade em princípios de 1921 pelas colunas do 'Jornal do Comércio' e do 'Correio Paulistano'. Primeiro resultado: 'Semana de Arte Moderna' — espécie de Conselho Internacional de Versalhes. Como este, a Semana teve sua razão de ser. Como ele: nem desastre, nem triunfo. Como ele: deu frutos verdes. Houve erros proclamados em voz alta. Pregaram-se ideias inadmissíveis. É preciso refletir. É preciso esclarecer. É preciso construir. Daí, KLAXON.

E KLAXON não se queixará jamais de ser incompreendido pelo Brasil. O Brasil é que deverá se esforçar para compreender KLAXON".

Outro escritor modernista, Carlos Drummond de Andrade, na ocasião com vinte anos de idade, comentou em Belo Horizonte o modo como receberam em Minas Gerais as notícias do ocorrido:

"Tanto quanto posso lembrar-me, o pequeno grupo de rapazes mineiros 'dados às letras' não tomou muito conhecimento [da Semana de 22]. Explica-se: só por acaso líamos jornais paulistas, e os do Rio não deram maior importância ao fato, se é que deram alguma. O que era escândalo na Capital de S. Paulo, ou em certo meio de lá, em 1922, não chegava a atingir BH, quando só a Central do Brasil ligava as duas cidades, e a placidez da vida mineira podia ser comparada à 'toalha friíssima dos lagos' do nosso Parque Municipal. E nós éramos uma rusga nessa toalha serena". (Apud Fernando Dias Correia, *O movimento modernista em Minas*, Brasília, Ebrasa, 1971, p. 35.)

De imediato, pois, nada mudou. As críticas negativas superaram as positivas e não houve em seguida novos eventos que dessem continuidade à Semana. No Brasil daqueles anos 20, as longas distâncias e a estreiteza dos meios de comunicação, tanto na divulgação impressa quanto na circulação de pessoas, retardavam a divulgação das novas correntes de ideias.

Porém, cada um dos envolvidos naquele evento continuou a aprofundar-se no modernismo a seu modo. Muitos voltaram para a Europa no ano seguinte, uns para continuar estudos sobre as possibilidades da arte, outros para divulgar o que acontecera nas terras brasileiras, como fez Oswald de Andrade em palestra na Universidade Sorbonne, de Paris, em 11 de maio de 1923. Na capital francesa, Oswald encontrou-se com Paulo Prado, com a pintora Tarsila do Amaral e com o jovem compositor Villa-Lobos.

A Semana de Arte Moderna é, apesar de suas limitações, um marco histórico para a cultura brasileira porque define o início da organização do grupo de intelectuais que almejava introduzir no Brasil concepções vanguardistas. A partir de então esse grupo cresceria e sua afirmação significaria, a longo prazo, a derrota dos acadêmicos no comando das decisões sobre a arte e a cultura no Brasil.

@.
Carlos Drummond de Andrade:
www.carlosdrummond.com.br

Tarsila do Amaral:
www.tarsiladoamaral.com.br

Modernismo, nacionalismo e cultura popular

No retorno ao Brasil, em 1924, o grupo de modernistas tomara mais gosto ainda pelas coisas nacionais. Mário de Andrade (que não fora à Europa), Tarsila do Amaral, René Thilloier, Oswald de Andrade e seu filho Nonê, Godofredo da Silva Telles, Olívia Guedes Penteado e o poeta francês Blaise Cendrars realizaram uma marcante viagem a Minas Gerais. Seu intuito? "Redescobrir o Brasil!"

Os ideais nacionalistas cultivados entre a intelectualidade no início do século haviam se tornado bandeira de luta para esse grupo. Entre outras cidades, viajaram para Tiradentes, São João del Rei, Ouro Preto, buscando encontrar ali os sinais de nossa cultura (ver, do autor, *Viver e morar no século XVIII*, São Paulo, Saraiva, 1999). Os modernistas definiam o que era, para eles, a legítima cultura brasileira, remanescente nas antigas cidades dos tempos coloniais.

Foi nessa viagem que, ao passarem por Belo Horizonte, puderam esclarecer aos jovens mineiros letrados de seus propósitos. Carlos Drummond de Andrade era o líder desses jovens que se reuniam no Café Estrela da rua Bahia, na capital mineira. Ali, pouco se sabia sobre os acontecimentos. Como em todo o território brasileiro, a arte acadêmica era ainda dominante e seriam vários anos de conflitos e debates até que o modernismo se tornasse o movimento predominante.

De volta a São Paulo, os viajantes, extasiados com o que viram em Minas, lançam novas propostas, aprofundando o movimento com ideais nacionalistas.

Foram os modernistas que lançaram as chamadas "cidades históricas de Minas" diante das vistas dos intelectuais. Deram-lhes poemas, cores e formas. Tarsila do Amaral, *Paisagem de Ouro Preto*, 1924, lápis sobre papel.

Tarsila do Amaral, descendente de fazendeiros paulistas, nascida na cidade de Capivari, em 1886, conviveu com as vanguardas europeias durante boa parte de sua carreira, mas quando esteve em Minas surpreendeu-se:

"[...] senti, recém-chegada da Europa, um deslumbramento diante das decorações populares das casas de moradia de S. João del Rei, Tiradentes, Mariana, Congonhas do Campo, Sabará, Ouro Preto e outras cidades de Minas, cheias de poesia popular. Retorno à tradição, à simplicidade". ("Pintura pau-brasil e antropofagia", *Revista Anual do Salão de Maio*, n. 1, São Paulo, 1939.)

Nesse retorno de Minas, Oswald de Andrade tomou novo fôlego e lançou na imprensa o "Manifesto da Poesia Pau-Brasil" (*Correio da Manhã*, 18 mar. 1924), sintetizando os movimentos de vanguarda a uma profunda necessidade de voltarmo-nos para o interior do Brasil: "Obuses de elevadores, cubos de arranha-céu e a sábia preguiça solar. A reza. O Carnaval. A energia íntima. O sabiá. A hospitalidade um pouco sensual, amorosa. A saudade dos pajés e os campos de aviação militar. Pau-Brasil".

No ateliê de Tarsila do Amaral ou na casa de Dona Olívia Guedes Penteado, ambas na região central de São Paulo (entre Campos Elíseos e Higienópolis), reuniam-se os modernistas. Fruto desses diálogos está uma das mais conhecidas telas de Tarsila, pintada em 1927: *Abaporu*, que significa o antropófago.

Oswald, ao ver essa obra, lançou novo manifesto: o "Manifesto Antropófago". Dizia: *"Só a antropofagia nos une. Socialmente. Economicamente. Filosoficamente"*.

Refletindo sobre as relações entre a antropofagia e a sua arte, Tarsila escreveu as seguintes linhas sobre o *Abaporu*: "[...] uma figura solitária monstruosa, pés imensos, sentada numa planície verde, o braço dobrado repousando num joelho, a mão sustentando o peso pena da cabecinha minúscula. Em frente um cactos explodindo numa flor absurda. [...] Como dizia, o 'abaporu' impressionou profundamente. Sugeria a criatura fatalizada, presa à terra com seus enormes e pesados pés. Um símbolo". ("Pintura pau-brasil e antropofagia", *Revista Anual do Salão de Maio*, n. 1, São Paulo, 1939.)

Tarsila do Amaral, *Autorretrato*, 1922, col. Museu Nacional de Belas Artes.

O Abaporu, pintado por Tarsila do Amaral, 1928 (col. particular), é o marco do "movimento antropofágico", lançado em manifesto por Oswald de Andrade. Os críticos marcam aqui também a "fase antropofágica" da pintura de Tarsila.

Em maio do mesmo ano estava lançada a *Revista de Antropofagia*, dirigida por Antônio de Alcântara Machado e Raul Bopp. Aqui registraram-se as proposições dos modernistas dos anos 20. A ideia de antropofagia remetia ao ato de devorar aquilo que nos era estrangeiro, porém, com vistas a aproveitar aquilo que interessava no resgate e manutenção de nossa própria cultura.

Outros manifestos foram lançados, seguindo o mesmo interesse nacional. O "Manifesto do Verde-Amarelismo", ou "Nhengaçu Verde-Amarelo", escrito por Plínio Salgado, Menotti del Picchia e outros modernistas (*Correio Paulistano*, 17 maio 1929), destaca-se pelo resgate da figura do índio:

"Os tupis desceram para serem absorvidos. Para se diluírem no sangue da gente nova. Para viver subjetivamente e transformar numa prodigiosa força a bondade do brasileiro e o seu grande sentimento de humanidade.

Seu totem não é carnívoro: Anta. É este o animal que abre caminhos, e aí parece estar indicada a predestinação da gente tupi".

Este manifesto é também conhecido como movimento da Escola da Anta, pela referência ao animal "totem da raça tupi". Por suas palavras, vê-se que, enquanto o modernismo ganhava adeptos, surgiam correntes divergentes. Quando o Manifesto do Verde-Amarelismo diz que seu símbolo não é carnívoro, coloca-se em oposição ao movimento antropofágico, liderado por Oswald de Andrade.

O debate crescia. No Rio desponta o grupo da revista *Festa*, de 1927, tendo como integrantes, entre outros, Manuel Bandeira e Ronald de Carvalho. Em Minas, no já citado grupo de Drummond, em 1925 fundou-se *A Revista*.

Em meio aos debates, surge novamente a presença de Mário de Andrade. Em 1927, Mário partiu em viagem pelo Norte do Brasil, percorrendo a região amazônica e tomando nota das diversas manifestações populares que pôde observar. Seu texto *Macunaíma*, que lemos no item sobre "Que é ser brasileiro", reuniu muito daquilo que pesquisou sobre a cultura popular.

@ Cândido Portinari:
http://www.museucasade
portinari.org.br

Mário de Andrade, em suas andanças pelo nosso país, coletou objetos de artesanato, regras de funcionamento de festas populares, letras de músicas, entre tantas outras informações preciosas ao conhecimento da cultura brasileira. Esse pesquisador modernista inaugurou os estudos sobre aquilo que denominamos hoje, do modo mais amplo possível, "patrimônio nacional".

Cada artista traduzia, a partir de sua própria experiência, as proposições artísticas europeias, adaptando-as a temas brasileiros. Isso ocorreu com o trabalho de Rego Monteiro, como pode ser visto no detalhe da obra *Atirador de arco*, tela elaborada em Paris, em 1925.

5. Rumo à década de 1930

O que acabamos de ver foi o processo de formação do movimento modernista no Brasil. Movimento que introduziu novos modos de se pensar e fazer arte, desde as artes plásticas até o teatro, passando pela arquitetura, literatura e pela música.

Podemos retomar agora o exemplo da obra de Antônio Gomide, pintor nascido em Itapetininga, SP, em 1895, e participante inicial do movimento modernista. Ou ainda outras telas vistas com estranheza nas décadas de 1920 e 1930. Diante do exposto, estamos mais habilitados para mais bem entender por que as formas expostas são sinuosas, disformes e subliminares nas cores, tão contrárias às obras acadêmicas, às quais até hoje muitos de nós estão acostumados.

O modernismo brasileiro rompeu com a arte acadêmica nas artes plásticas, com o parnasianismo na literatura e com o neoclássico na arquitetura para atualizar-se junto às vanguardas europeias.

A partir dos anos 30 os artistas modernos começam a ganhar mais apoio entre os críticos de arte, que expõem nos jornais suas ideias, iniciando o combate à arte acadêmica, ainda dominante.

Durante essa década também, o movimento moderno desmembra-se em vários grupos, ampliando a sua área de atuação na sociedade brasileira, provocando debates e, muitas vezes, conflitos.

Nesse momento aparecem nomes como Cândido Portinari, João Cabral de Mello Neto e Oscar Niemayer, entre os representantes do modernismo brasileiro. Mas essa é outra história, rumo aos anos entre 1930 e 1960, para a qual seria necessário um outro livro desta coleção.

Por ora, além da história do surgimento do modernismo no Brasil, já sabemos que o "mundo das artes" não tem uma vida independente da sociedade, mas que também não é mera repercussão daquilo que as sociedades humanas vivem.

Existe nas artes do século XX uma dinâmica própria, guiada pelos constantes debates entre ideias estabelecidas e novas propostas. A música erudita realiza trocas com a música popular; obras de arte antigas chegam a valer muito dinheiro no mercado da arte; atores de teatro descem dos palcos para encenar junto à plateia; surgem os museus de arte; artistas humildes colocam seus cavaletes em praça pública para garantir sua sobrevivência.

Esse é o quadro das artes nos primórdios da modernidade. Há também segmentação e variedade incríveis no "mundo das artes", que esboçam uma riqueza tremenda e não admitem análises simplórias. Daqui por diante, ao olhar uma obra de arte do século XX, procure pensar com toda essa riqueza que o mundo das artes nos propõe.

Em pouco tempo, os ideais modernistas no Brasil atingiram outros campos, como a arquitetura. Nesta imagem vê-se a construção da "Casa modernista de G. Warchavchik", marco desse processo.

Linha do Tempo

MUNDO

1900
- Exposição Universal de Paris.
- Fundação do Partido Revolucionário Socialista Chinês.
- Publicação de *A interpretação dos sonhos*, por Sigmund Freud.

1901

1902
- Proclamação da República em Cuba.

1903

1904
- Guerra entre Japão e Rússia e ocupação japonesa na Coreia.

1905
- Criação do expressionismo nas artes, em Dresden, e do fauvismo, em Paris.
- "Teoria da relatividade" de Albert Einstein.

1906

1907
- Criação do cubismo nas artes plásticas, em Paris, tendo como representantes Picasso e Braque, entre outros.

BRASIL

1900
- Início das atividades da usina elétrica da Light, em Santana de Parnaíba.
- Primeira linha de bonde elétrico de São Paulo.

1901
- Santos Dumont voa com um balão dirigível, em Paris.

1902
- Eleição de Rodrigues Alves para a presidência.
- Reformas urbanas no Rio de Janeiro.
- Publicação de *Os sertões*, de Euclides da Cunha.

1903
- Primeiro automóvel licenciado no Rio de Janeiro.
- Greve geral por melhores salários no Rio de Janeiro.

1904
- Revolta da Vacina no Rio de Janeiro.

1905
- Inauguração da avenida Central no Rio de Janeiro.
- Luz elétrica no Rio.

1906
- Afonso Pena é eleito presidente da República.
- Convênio de Taubaté, sobre a valorização do café.
- Primeiro Congresso Operário do Brasil, no Rio de Janeiro.

1907
- Telégrafo faz a ligação entre o Amazonas e o Rio de Janeiro.

MUNDO

1915
- Fundação da revista *Orpheu*, por Fernando Pessoa, marco do Modernismo em Portugal.
- "Manifesto Suprematista", de Malevitch.

1916
- Criação do Dadaísmo, em Zurique.

1917
- Revolução Russa — tomada do poder pelos bolcheviques.

1918
- Fim da Primeira Guerra Mundial.

1919
- P. Valéry publica *A crise do espírito*.

1920
- Início da campanha anticolonialismo na Índia, com M. Gandhi.

1921
- Início do muralismo mexicano.
- Manifesto de Siqueiros por uma arte popular.
- Publicação de *Ulisses*, de James Joyce, e *Encantamentos*, de Paul Valéry.

1922

BRASIL

1915
- Publicação de *Triste fim de Policarpo Quaresma*, de Lima Barreto.

1916

1917
- Greve geral em São Paulo.
- Exposição de Anita Malfatti em São Paulo.
- Publicação de *Juca Mulato*, de Menotti del Picchia.

1918
- Publicação de *Urupês*, de Monteiro Lobato.

1919
- Eleição de Epitácio Pessoa para a presidência.
- Exposição da "Eva", de Brecheret, em Roma.

1920
- Primeira Universidade do Brasil, no Rio de Janeiro.

1921

1922
- Semana de Arte Moderna.
- Criação da revista *Klaxon*.
- Publicação de *Pauliceia desvairada*, de Mário de Andrade.
- Fundação do Partido Comunista do Brasil.

1908

- Linha de produção automobilística para o modelo T, da Ford.
- Criação da Confederação Operária Brasileira.
- Chegada dos primeiros imigrantes japoneses.

1909

- "Manifesto Futurista" de Marinetti.
- Fortes movimentos sociais no Rio e em São Paulo contra os serviços da Light.

1910

- Proclamação da República portuguesa.
- Anexação da Coreia pelo Japão.
- Eleição do Marechal Hermes da Fonseca para presidência.
- Revolta da Chibata.

1911

- Revolução Chinesa.

1912

- Naufrágio do Titanic.
- Livro de Kandinsky sobre pintura abstrata.
- Guerra do Contestado, em Santa Catarina.
- Oswald de Andrade apresenta no Brasil o manifesto futurista de Marinetti.

1913

- Primeira linha de montagem da Ford.
- Publicação do livro No caminho de Swan, de Marcel Proust.
- Primeira exposição de Lasar Segall no Brasil.
- Gravação de "Boi Barroso", em Porto Alegre, pelo sanfoneiro Moisés Mondadori.

1914

- Início da Primeira Guerra Mundial.
- Venceslau Brás assume a presidência da República.

1923

- "Manifesto Surrealista", de André Breton.
- Primeira emissora de rádio, no Rio de Janeiro.

1924

- Stalin assume o poder na Rússia.
- Publicação de A montanha mágica, de Thomas Mann.
- "Manifesto da Poesia Pau-Brasil", por Oswald de Andrade.
- Publicação de Poesias, de Manuel Bandeira.

1925

- Criação do Art Déco na arquitetura.
- Criação de A Revista, em Belo Horizonte.
- Fundação de fábrica da General Motors em São Paulo.

1926

- Washington Luís assume a presidência.
- "Manifesto Regionalista", no Recife.
- Movimento "Verde-amarelo".

1927

- Publicação de O farol, de Virgínia Woolf.
- Publicação de Amar, verbo intransitivo, de Mário de Andrade.

1928

- Encenação da peça A ópera de três vinténs, de B. Brecht.
- Manifesto antropófago, por Oswald de Andrade.
- Publicação de Macunaíma, de Mário de Andrade.
- Inauguração da "casa modernista" de Warchavchik, na Vila Mariana, São Paulo.

1929

- Crack da Bolsa de Nova Iorque.
- Inauguração do edifício Martinelli, em São Paulo, o maior arranha-céu do Brasil na ocasião.

1930

- Arte Concreta, em Paris.
- Revolução de 1930.
- Publicação de Alguma poesia, de Carlos Drummond de Andrade; Poemas, de Murilo Mendes; e O Quinze, de Rachel de Queiroz.
- Nossa Senhora de Aparecida é declarada pelo Papa Pio XI a padroeira do Brasil.

O Que Ler, Ver, Ouvir, Visitar e por onde Navegar...

Livros

A Primeira República

As leituras sobre o período, fundamentais para uma aproximação diante das questões econômicas e sociais, servem para entendermos as transformações culturais no campo e nas cidades. Entre os títulos, estão obras de caráter geral sobre a Primeira República e outras dedicadas ao tema trabalho, conceito que julgamos central para a compreensão não apenas do cotidiano do período, como também do lugar da cultura e das artes nos processos produtivos:

CHALHOUB, Sidney. *Trabalho, lar e botequim: o cotidiano dos trabalhadores no Rio de Janeiro da belle époque.* São Paulo, Brasiliense, 1986.

DECCA, Maria Auxiliadora G. de. *Cotidiano dos trabalhadores na República, São Paulo 1889-1940.* São Paulo, Brasiliense, 1990.

FAUSTO, Boris. *História do Brasil.* 2. ed. São Paulo, Edusp, 1995.

SEVCENKO, Nicolau (org.). *História da vida privada no Brasil.* v. 3. São Paulo, Companhia das Letras, 1998.

ZANINI, Walter (org.). *História geral da arte no Brasil.* São Paulo, Instituto Walther Salles, 1983, v. 2.

O Modernismo

São várias as obras que trataram do Modernismo. Como se observou, no Brasil, foram as artes plásticas que impulsionaram o Modernismo no seu primeiro tempo, ganhando em seguida adeptos entre os literatos, até atingir a arquitetura e a música. A seguir, citamos aqueles livros relacionados mais diretamente com as artes, acadêmicas ou modernas, no período entre os anos de 1900 a 1930:

AMARAL, Aracy. *A Semana de 22: subsídios para uma história das artes plásticas no Brasil.* 2. ed. São Paulo, Editora 34, 1997.

AMARAL, Aracy. *Tarsila: sua obra e seu tempo.* São Paulo, Perspectiva/Edusp, 1975.

CHIARELLI, Tadeu. *Um jeca nas vernissagens.* São Paulo, Edusp, 1995.

CORREIA, Fernando Dias. *O movimento modernista em Minas, uma interpretação sociológica.* Brasília, Ebrasa, 1971.

DURAND, José Carlos. *Arte, privilégio e distinção. Artes plásticas, arquitetura e classe dirigente no Brasil, 1855-1985.* São Paulo, Perspectiva/Edusp, 1989.

HOMEM, Maria Cecília Naclério. *O palacete paulistano e outras formas de morar da elite cafeeira (1867-1918).* São Paulo, Martins Fontes, 1996.

LEMOS, Carlos. *Alvenaria burguesa.* São Paulo, Nobel, 1989.

A leitura de textos de época possibilita análises mais específicas dos discursos. Inicialmente, podemos observar alguns livros que apresentam coletâneas de documentos (de exposições, manifestos, entre outros):

BATISTA, Marta Rosseti; LOPEZ, Telê P. Ancona; LIMA, Yone Soares de. *Brasil: 1º tempo modernista — 1917/29. Documentação.* São Paulo, IEB/USP, 1972.

BELLUZZO, Ana Maria de Moraes (org.). *Modernidade: vanguardas artísticas na América Latina.* São Paulo, UNESP/Memorial da América Latina, 1990.

SCHWARTZ, Jorge. *Vanguardas latino-americanas. Polêmicas, manifestos e textos críticos.* São Paulo, Edusp/Iluminuras/Fapesp, 1995.

Em seguida, temos os textos críticos dos próprios envolvidos no processo:

ANDRADE, Mário de. *O movimento modernista.* Rio de Janeiro, Casa do Estudante, 1942.

BOPP, Raul. *Movimentos modernistas no Brasil. 1922-1928.* Rio de Janeiro, Livraria São José, 1966.

Entre as obras literárias do período, encontram-se poesias e romances dos quais sugerimos: de Guilherme de Almeida, *Nós*; de Mário de Andrade, *Há uma gota de sangue em cada poema*, *Pauliceia desvairada* e *Macunaíma*; de Oswald de Andrade, *Memórias sentimentais de João Miramar*; de Manuel Bandeira, *Cinza das horas*; de Menotti del Picchia, *Juca Mulato*; por fim, de Patrícia Galvão (Pagu), *Parque industrial*.

A cultura caipira

Sobre o caipira, são muitas as biografias de violeiros e textos críticos sobre a condição social das pessoas no interior do estado de São Paulo. Sugerimos alguns:

BRANDÃO, Carlos Rodrigues. *Os caipiras de São Paulo*. São Paulo, Brasiliense, 1983.

CÂNDIDO, Antônio. *Os parceiros do rio Bonito*. Rio de Janeiro, José Olympio, 1964.

FREIRE, Paulo. *Eu nasci naquela Serra: a história de Angelino de Oliveira, Raul Torres e Serrinha*. São Paulo, Pauliceia, 1996.

NEPOMUCENO, Rosa. *Música caipira, da roça ao rodeio*. São Paulo, Editora 34, 1999.

TINHORÃO, José Ramos. *História social da música popular brasileira*. Lisboa, Editorial Caminho, 1990.

Filmes

Caminhos da abstração
Série Aspectos da Cultura Brasileira
Brasil, 1993, 14 min., dir. Guto Carvalho e Roberto Moreira, Instituto Cultural Itaú.
Para informações, ligue para (11) 2168 1776 ou (11) 2168 1777.

No Brasil, o processo de passagem da pintura figurativa para a abstração iniciou-se com o Movimento Modernista dos anos 20. Lentamente, os pintores libertam-se das regras ditadas pelo Academismo passando a explorar o que é próprio da pintura: as cores, as linhas e as texturas, criando diferentes soluções.

Chapeleiros
Brasil, 1983, 25 min., dir. Adrian Cooper.

O trabalhador dentro de um sistema de produção industrial opressivo, onde cada gesto seu representa uma expressão de resistência humana. Filmado numa fábrica paulista de chapéus do início do século. Sensibilidade e beleza na observação de um universo cruel e ao mesmo tempo mágico. Construção cinematográfica refinada e de muita ousadia.

O cortiço
Brasil, 1977, 110 min., dir. Francisco Ramalho Júnior.

O envolvimento de um português e uma jovem brasileira num cortiço do Rio no final do século XIX. Baseado no romance de Aluísio de Azevedo.

Eternamente Pagu
Brasil, 1987, 100 min., dir. Norma Bengel.

Filme sobre Patrícia Galvão, Pagu, personagem de vários escândalos na sociedade burguesa brasileira do início do século. Desde o seu envolvimento com Oswald de Andrade até a perseguição das autoridades da época por causa do seu engajamento político.

Os libertários
Brasil, 1976, 26 min., dir. Lauro Escorel Filho.

O papel do anarquismo no início do movimento operário em São Paulo, no princípio do século. O filme se apoia em fotos, filmes e músicas da época, para descrever as primeiras lutas e formas de organização dos trabalhadores. Levantamento de um período extremamente significativo da história do movimento operário, realizado com muita sensibilidade. Importante documento histórico.

Macunaíma
Brasil, 1969, 110 min., dir. Joaquim Pedro de Andrade.

Nascido numa tribo de índios da Amazônia, um menino negro cresce habituado a ingênuas malandragens. Em delirantes aventuras, ele sai em busca de uma medalha da sorte e chega a São Paulo, onde, já adulto e branco, reafirma seu comportamento de herói preguiçoso e sem caráter. Versão do famoso romance de Mário de Andrade.

Modernismo: os anos 20
Brasil, 1992, 18 min., dir. Roberto Moreira, Instituto Cultural Itaú.
Para informações, ligue para (11) 2168 1776 ou (11) 2168 1777.

No Brasil, após a Primeira Guerra Mundial, o desenvolvimento econômico desencadeia o conflito entre a elite latifundiária e a burguesia industrial. No bojo desse processo, a cultura também se transforma com o Movimento Modernista, cujo momento mais consagrado foi a Semana de Arte Moderna de 22. O filme exibe significativa mostra da produção cultural da época.

Policarpo Quaresma, herói nacional
Brasil, 1998, 123 min., dir. Paulo Thiago.

Adaptação do romance *Triste fim de Policarpo Quaresma*, de Lima Barreto. O enredo consiste basicamente na narração das experiências e atitudes do personagem que dá o título à obra. Policarpo Quaresma, patriota ao extremo, defende propostas fantásticas, como a adoção do tupi-guarani como língua oficial do país. Policarpo é uma espécie de dom Quixote: inocente em seu nacionalismo, seu sonho é fazer do Brasil um grande país. Ao lado da trama principal, é possível visualizar personagens do subúrbio carioca: os pequenos funcionários públicos, as relações familiares, o tratamento dado à mulher.

Século XX: primeiros tempos
Brasil, 1993, 15 min., dir. Fernando Severo, Instituto Cultural Itaú.
Para informações, ligue para (11) 2168 1776 ou (11) 2168 1777.

Documentário sobre a *belle époque* no Brasil e a influência da eletricidade na vida cotidiana. Mostra o processo de urbanização pelo qual passam as cidades do Rio de Janeiro, na época capital federal, e de São Paulo, que é impulsionada pela agricultura cafeeira. Nessas duas cidades, há um pensamento de ruptura com o passado colonial e um aceleramento do processo de industrialização. E as manifestações artísticas têm como foco justamente os temas urbanos e os problemas cotidianos.

Tempos modernos
Modern Times, EUA, 1936, 85 min., dir. Charles Chaplin.

Durante a Depressão, nos anos 30, Carlitos torna-se operário em uma grande indústria, líder grevista por acaso, apaixonado por uma jovem órfã e um idealista em busca do próprio destino. Obra-prima com a qual Chaplin critica a industrialização selvagem, o descaso para com os deserdados da vida em geral e os operários em especial. Em preto e branco.

Viajando pelo Modernismo
Brasil, 1993, 17 min., dir. Roberto Moreira, Instituto Cultural Itaú.
Para informações, ligue para (11) 2168 1776 ou (11) 2168 1777.

A "viagem" se inicia com as exposições de Lasar Segall e Anita Malfatti nas primeiras décadas do século XX, mostrando as diversas etapas dessa árdua trajetória da introdução e consolidação da pintura moderna no País. Passando pela Semana de 22, pelos núcleos e grupos modernistas das décadas de 1930 e 1940, a "viagem" termina com o reconhecimento institucional do Modernismo representado pela criação da Divisão Moderna do Salão Nacional de Belas Artes.

Villa-Lobos, o índio de casaca
Brasil, 1987, 120 min., dir. Roberto Feith.
A vida e a obra do maior compositor brasileiro do século XX. Especial de TV para comemorar o centenário de nascimento do compositor, com menos enfoque do gênio e uma visão mais abrangente de sua vida.

Músicas

- *A maestrina*, Chiquinha Gonzaga, Revivendo Música, 1999 (álbum duplo).
- *Floresta da Amazônia*, Villa-Lobos, EMI, 1997.
- *Luar do sertão*, Raul Torres & Florêncio, BGM Brasil, 2000.
- *Pingo-d'água*, Pena Branca & Xavantinho, Velas, 1997.
- *Série "Raízes sertanejas"*, v. 2, Inezita Barroso, EMI, 1999.
- *The little train of the caipira*, Villa-Lobos, Eldorado, 1999.
- *Uirapuru*, Villa-Lobos, Eldorado, 1999.

Visitas

BAHIA
Museu de Arte Moderna da Bahia (MAM-BA)
Av. Contorno, s/nº - Solar do Unhão
Comércio   Salvador-BA
40015-230
tel.: (71) 3117-6139 / fax: (71) 3117-6133
site: www.mam.ba.gov.br
Possui acervo de arte moderna e contemporânea (pintura, desenho, gravura, escultura, objetos e instalações).

Solar do Unhão. Salvador-BA

MATO GROSSO DO SUL
Museu de Arte Contemporânea de Mato Grosso do Sul (Marco)
Rua Antonio Maria Coelho, 6 000 — Pq. das Nações Indígenas
Campo Grande-MS
79021-170
tel.: (67) 3326-7449
site: www.marcovirtual.com.br
Obras de arte de artistas brasileiros do século XX.

MINAS GERAIS
Museu de Arte da Pampulha (MAP)
Av. Otacílio Negrão de Lima, 16 585
Pampulha   Belo Horizonte-MG
31365-450
tel.: (31) 3277-7946 / fax: (31) 3277-7996
Obras de artistas brasileiros do século XX.

Museu de Arte da Pampulha-MG

PARÁ
Museu de Arte de Belém (Mabe)
Praça D. Pedro II, s/nº
Cidade Velha   Belém-PA
66020-240 — tel./fax: (91) 3114-1028
site: www.culturapara.art.br/museus_galerias.htm
Acervo constituído de pinturas, esculturas, desenhos, fotografias, mobiliário, objetos de interiores de brasileiros e estrangeiros, principalmente dos séculos XIX e XX.

Museu de Arte de Belém-PA

Museu Histórico do Estado do Pará (MHEP)
Praça D. Pedro II, s/nº — Palácio Lauro Sodré
Cidade Velha   Belém-PA
66020-240 — tel.: (91) 4009-8805
site: www.culturapara.art.br/museus_galerias.htm
Telas, mobiliário, coleções arqueológicas, arquivo pessoal do maestro Carlos Gomes e acervo de arte moderna.

PARAÍBA
Museu de Arte Assis Chateaubriand (MAAC)
Av. Floriano Peixoto, 718
Centro   Campina Grande-PB
Cx. Postal 761
tel.: (83) 3341-1947
Obras de arte nacionais (séculos XIX e XX) e internacionais (século XX).

PARANÁ
Museu de Arte do Paraná (MAP)
Rua Kellers, 289
Alto São Francisco   Curitiba-PR
80410-100
tel.: (41) 3304-3300
site: www.museuparanaense.pr.gov.br
Arte realizada por paranaense ou radicado no Paraná, que contribuiu para o desenvolvimento artístico-cultural do Estado até a década de 1960.

Museu Metropolitano de Arte de Curitiba (Muma)
Av. República Argentina, 3 430
Portão   Curitiba-PR
80610-260
tel.: (41) 3314-5065 / fax: 3314-5065
Obras de arte com ênfase em arte moderna brasileira, obras de artistas vinculados ao Paraná, arte popular e artefatos indígenas.

PERNAMBUCO
Museu de Arte Contemporânea de Pernambuco
Rua Treze de Maio, 157
Varadouro   Olinda-PE
53170-020
tel.: (81) 3184-3153
Acervo de pinturas, desenhos, gravuras e esculturas.

RIO DE JANEIRO
Museu de Arte Contemporânea de Niterói
Mirante da Boa Viagem, s/nº
Boa Viagem   Niterói-RJ
24210-390
tel.: (21) 2620-2400/fax: 2620-2481
site: www.macniteroi.com.br
Obras de arte contemporânea brasileira.

Museu de Arte Moderna de Resende (MAM-Resende)
Rua Cunha Ferreira, 104
Centro   Resende-RJ
27511-230
tel.: (24) 3360-6155 / fax: (24) 3360-4470
Museu comunitário ligado à arte contemporânea.

Museu de Arte Moderna do Rio de Janeiro (MAM-RJ)
Av. Infante Dom Henrique, 85
Glória   Rio de Janeiro-RJ
20021-140
tel.: (21) 2240-4944 / fax: (21) 2240-4899
site: www.mamrio.com.br
Possui acervo de arte moderna de destaque nacional e internacional.

Museu Villa-Lobos
Rua Sorocaba, 200
Botafogo   Rio de Janeiro-RJ
22271-110
tel./fax: (21) 2226-9282
site: www.museuvillalobos.org.br
Acervo composto de objetos relativos à vida e à obra de Heitor Villa-Lobos.

RIO GRANDE DO SUL
Museu Histórico Casa do Imigrante
Rua Erny Hugo Dreher, 127
Planalto   Bento Gonçalves-RS
95700-000
tel./fax: (54) 3451-1773
Instrumentos de trabalho agrícola, utensílios de cozinha, documentos, fotografias e outros objetos de imigrantes.

Museu de Arte Contemporânea de Niterói-RJ

Museu de Arte do Rio Grande do Sul Ado Malagoli (Margs)
Praça da Alfândega, s/nº
Centro   Porto Alegre-RS
90010-150
tel.: (51) 3227-2311 / fax: (51) 3221-2646
site: www.margs.org.br
Obras de artistas nacionais e estrangeiros dos séculos XIX e XX, com destaques para artistas gaúchos.

SANTA CATARINA
Museu de Arte de Santa Catarina (Masc)
Av. Governador Irineu Bornhausen, 5 600
Agronômica   Florianópolis-SC
88025-202
tel.: (48) 3953-2324 / fax: (48) 3953-2316
site: www.masc.org.br
Acervo de arte moderna e contemporânea, com predomínio de artistas catarinenses.

SÃO PAULO
Museu de Arte Contemporânea de Americana
Praça Comendador Muller, 172
Centro   Americana-SP
13465-000
tel.: (19) 3462-6072 / fax: (19) 3460-5544
Pinturas, gravuras, esculturas, fotografias, desenhos de artistas modernos, contemporâneos e primitivos.

Galeria de Arte Unicamp/IA
Rua Sérgio Buarque de Holanda, s/nº
Cidade Universitária/Barão Geraldo   Campinas-SP
13083-970
tel.: (19) 3521-7453
site: www.iar.unicamp.br/galeria
Obras de arte de artistas brasileiros contemporâneos.

Museu Casa de Portinari
Rua Cândido Portinari, 298
Centro   Brodowski-SP
14340-000
tel./fax: (16) 3664-4284
site: www.museucasadeportinari.org.br
Pinturas, murais, desenhos originais, móveis, objetos de trabalho e de uso pessoal.

Coleção de Artes Visuais / Instituto de Estudos Brasileiros da Universidade de São Paulo (IEB-USP)
Av. Prof. Mello Moraes, trav. 8, 140 — Cidade Universitária
Butantã   São Paulo-SP
05508-900
tel.: (11) 3091-3247
site: www.ieb.usp.br
Pintura, escultura, gravura, desenho, objetos populares e imagens religiosas. A Coleção Mário de Andrade foi adquirida em 1968 e declarada patrimônio nacional pelo Iphan em 1995. Compõe-se de diferentes séries de objetos e obras de arte coletados pelo escritor paulista.

Memorial do Imigrante — Museu da Imigração
Rua Visconde de Parnaíba, 1 316
Mooca   São Paulo-SP
03164-300
tel.: (11) 2692-2497
site: www.memorialdoimigrante.org.br
Objetos de uso cotidiano (nacionais e estrangeiros) e folclóricos, mobiliário, fotografias, depoimentos em vídeo (VHS), documentos oficiais e pessoais, livros e periódicos.

Museu de Arte Contemporânea da Universidade de São Paulo (MAC-USP)
Rua da Praça do Relógio, 160 — Cidade Universitária
Butantã   São Paulo-SP
tel.: (11) 3091-3039 / fax: (11) 3812-0218
site: www.usp.br/mac
O MAC-USP teve origem como acervo do Museu de Arte Moderna. No acervo, obras importantíssimas dos modernistas da primeira geração e de estrangeiros.

Museu de Arte Moderna de São Paulo (MAM-SP)
Parque Ibirapuera, s/nº, portão 3
Ibirapuera   São Paulo-SP
tel.: (11) 5085-1300
site: www.mam.org.br
Possui um importante acervo de arte moderna tanto da primeira geração, estudada neste livro, quanto das seguintes.

Museu Lasar Segall
Rua Berta, 111
Vila Mariana   São Paulo-SP
04120-040
tel.: (11) 5574-7322 / fax: (11) 5572-3586
site: www.museusegall.org.br
O acervo do museu é formado por obras originais de Lasar Segall, entre pinturas sobre tela e papel, desenhos, gravuras e esculturas.

Fundação Maria Luisa e Oscar Americano
Av. Morumbi, 4 077
Morumbi   São Paulo-SP
05650-000
tel.: (11) 3742-0077 / fax: (11) 3746-6941
site: www.fundacaooscaramericano.org.br
Acervo com obras dos períodos colonial e imperial e de artistas do século XX (pintura e escultura).

Instituto Moreira Salles — Centro Cultural (IMS-São Paulo)
Rua Piauí, 844 - 1º andar
Higienópolis   São Paulo-SP
01241-000
tel.:(11) 3825-2560 / fax: (11) 3661-0984
site: http://ims.uol.com.br
Coleção fotográfica dos séculos XIX e XX, documentação fotográfica do IMS, documentação/arquivo literário e aquarelas do século XIX (Paul Harro Harring).

Instituto Moreira Salles (Sede)
Av. Eusébio Matoso, 891 - 22º andar
Pinheiros   São Paulo-SP
05423-180
tel.: (11) 3867-4077
site: http://ims.uol.com.br
Obras de arte de brasileiros e fotografias dos séculos XIX e XX, coleções de moedas antigas, coleção Charles Landseer e arquivo histórico privado.

Museu Banespa/Santander
Rua João Brícola, 24 — 2º andar
Centro   São Paulo-SP
01014-900
tel.: (11) 3249-7180 / fax: (11) 3249-7233
site: www.banespa.com.br
Obras de arte de artistas brasileiros e estrangeiros do século XX; equipamentos e maquinários referentes às atividades bancárias do século XX, documentos e fotografias da história do Banespa e de outros bancos.

Museu da Casa Brasileira (MCB)
Av. Brigadeiro Faria Lima, 2 705
Jardim Paulistano   São Paulo-SP
01451-000
tel.: (11) 3032-3727 / fax: (11) 3032-2564
site: www.mcb.sp.gov.br
Mobiliário, objetos decorativos, utensílios do século XVII ao início do XX.

Museu de Arte de São Paulo Assis Chateaubriand (MASP)
Av. Paulista, 1 578
Cerqueira César   São Paulo-SP
01310-200
tel.: (11) 3251-5644 / fax: (11) 3284-0574
site: www.masp.art.br
Arte oriental e ocidental do século IV a.C. ao século XX, e peças arqueológicas.

Pinacoteca do Estado de São Paulo
Praça da Luz, 2
Luz   São Paulo-SP
01120-010
tel.: (11) 3324-1000
site: www.pinacoteca.org.br
Artes plásticas dos séculos XIX e XX no Brasil e arte europeia do século XIX.

@ Na Internet

Biblioteca Nacional
www.bn.br
Site na Biblioteca Nacional, por meio do qual pode-se entrar em contato com os clássicos da literatura e os compositores brasileiros. Existem trechos de composições de Villa-Lobos.

Museu de Arte Moderna de Nova York
www.moma.org
Em inglês.

História da arte
www.historiadaarte.com.br
O sistema de busca de termos de história da arte possibilita elucidar dúvidas sobre movimentos, artistas e outros temas artísticos.

Itaú Cultural Virtual
www.itaucultural.org.br
Site do Instituto Itaú Cultural. Registra todas as atividades que acontecem no Instituto, possibilita acesso ao seu banco de dados, divulga a programação e os serviços prestados pelo Itaú Cultural, entre outros serviços.

Biblioteca Virtual
www.dominiopublico.gov.br
Biblioteca digital, onde é possível encontrar livros por título ou autor e baixar as versões integrais de textos.

Museu de Arte de São Paulo Assis Chateaubriand (MASP)-SP

Juca Martins

QUE HISTÓRIA É ESTA?

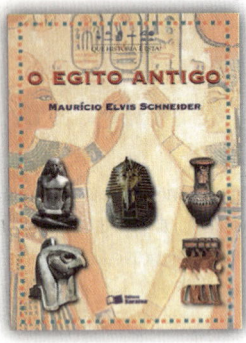

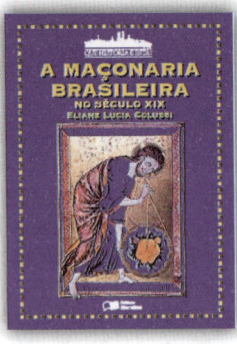

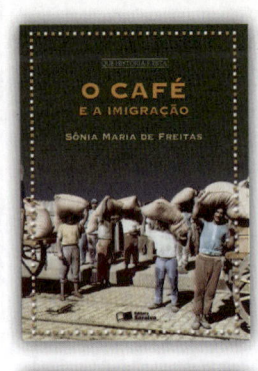

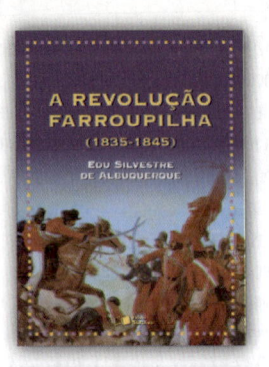

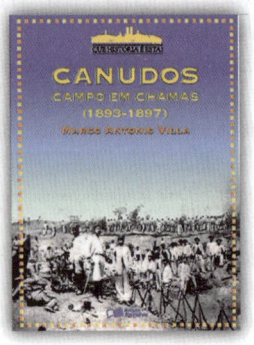

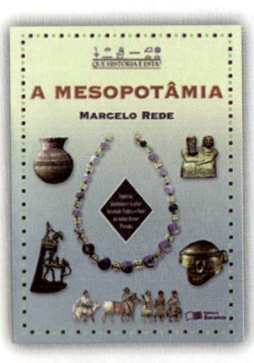

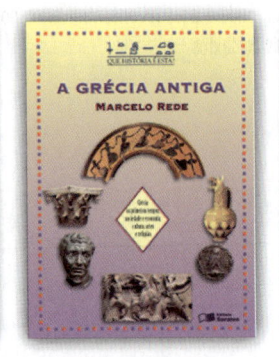

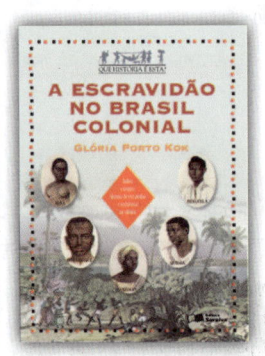

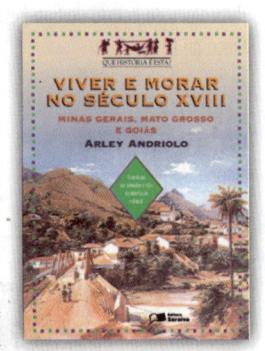

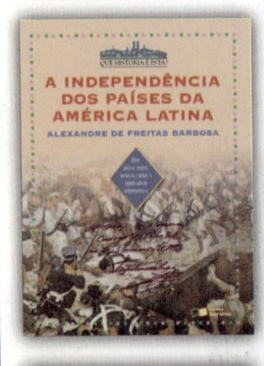

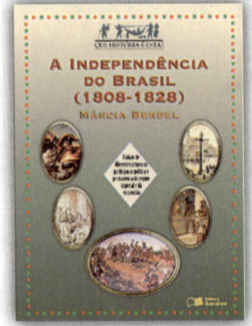

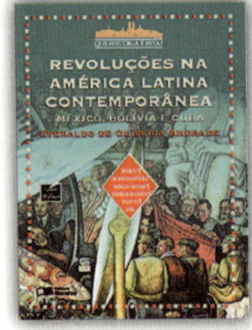

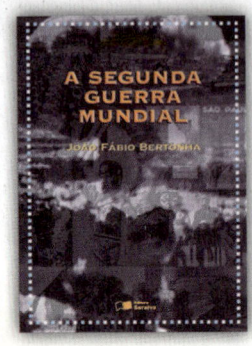

- A IMIGRAÇÃO ITALIANA NO BRASIL — João Fábio Bertonha
- OS REMEIROS DO RIO SÃO FRANCISCO — Zanoni Neves
- O CAFÉ E A IMIGRAÇÃO — Sônia Maria de Freitas
- A REVOLUÇÃO FARROUPILHA (1835-1845) — Edu Silvestre de Albuquerque
- O EGITO ANTIGO — Maurício Elvis Schneider
- A MAÇONARIA BRASILEIRA NO SÉCULO XIX — Eliane Lúcia Colussi
- A ERA MAUÁ: OS ANOS DE OURO DA MONARQUIA NO BRASIL — Ivanir Geraldi Saibro
- CANUDOS: CAMPO EM CHAMAS (1893-1897) — Marco Antonio Villa
- A MESOPOTÂMIA — Marcelo Rede
- A GRÉCIA ANTIGA — Marcelo Rede
- ROMA E SEU IMPÉRIO — Carlos Augusto Ribeiro Machado
- A ESCRAVIDÃO NO BRASIL COLONIAL — Glória Porto Kok
- VIVER E MORAR NO SÉCULO XVIII: MINAS GERAIS, MATO GROSSO E GOIÁS — Arley Andriolo
- A INDEPENDÊNCIA DOS PAÍSES DA AMÉRICA LATINA — Alexandre de Freitas Barbosa
- A CORTE PORTUGUESA NO BRASIL (1808-1821) — Paula Porta
- A INDEPENDÊNCIA DO BRASIL (1808-1828) — Márcia Buspel
- A GUERRA DO PARAGUAI (1864-1870) — Joaci Pereira Furtado
- A REVOLTA DA CHIBATA: RIO DE JANEIRO, 1910 — Maria Inês Roland
- REVOLUÇÕES NA AMÉRICA LATINA CONTEMPORÂNEA: MÉXICO, BOLÍVIA E CUBA — Everaldo de Oliveira Andrade
- MODERNIDADE E MODERNISMO: TRANSFORMAÇÕES CULTURAIS E ARTÍSTICAS NO BRASIL DO INÍCIO DO SÉCULO XX — Arley Andriolo
- A SEGUNDA GUERRA MUNDIAL — João Fábio Bertonha
- O REGIME MILITAR NO BRASIL (1964-1985) — Carlos Fico
- A VOLTA DA DEMOCRACIA NO BRASIL (1984-1992) — Marco Antonio Silveira